世　界　遗　产　在　中　国

神州瑰宝

罗哲文　李敏　编著

萧平题

中国建筑工业出版社

序

天地精华　神州瑰宝

罗哲文

世界遗产是大自然和人类文明的杰作，是无以伦比的自然与人文景观。为了保护世界文化和自然遗产，联合国教科文组织于1972年11月16日在第17次大会上正式通过了《保护世界文化和自然遗产公约》(简称“世界遗产公约”，Convention Concerning the Protection of the World Cultural and Natural Heritage)。1976年，联合国世界遗产委员会成立，并于1978年确定了首批12处世界遗产列入《世界遗产名录》。

世界遗产分为自然遗产、文化遗产、文化景观、文化与自然双重遗产4种类型。凡被世界遗产委员会列入《世界遗产名录》的地方，都将成为世界级的名胜，可接受“世界遗产基金”提供的援助，得到国际社会的广泛关注与严格保护，能极大提高遗产地知名度并产生可观的社会经济效益。

中国是世界4大文明古国之一，疆域辽阔，河山秀丽。纵横九万里，上下五千年，神州大地壮美的自然景观和悠久历史，孕育了中华民族灿烂的自然与文化遗产，并成为全世界人民的宝贵财富。中国于1985年12月12日加入了《保护世界文化和自然遗产公约》，1999年10月29日当选为世界遗产委员会成员。25年来，中国政府和人民为保护和利用世界遗产作出了不懈努力和杰出贡献。

宏观而论，中国的世界遗产具有五个基本特点：

1、数量众多，分布面广。

中国于1986年开始向联合国教科文组织申报世界遗产项目。1987年世界遗产委员会第11届会议批准中国的故宫等6处遗产列入《世界遗产名录》。至2009年6月，中国已有38处文化遗址和自然景观列入《世界遗产名录》，其中自然遗产7项，文化遗产27项，文化和自然双重遗产4项，遗产地分布于27个省、自治区、直辖市和特别行政区。此外，中国的昆曲、古琴艺术、新疆维吾尔木卡姆艺术和蒙古族长调民歌共4项还被列为世界人类口述和非物质文化遗产代表作。

2、江山壮丽，景观多样。

中国的陆地面积约960万平方公里，国土上有海拔8844米的世界最高峰——珠穆朗玛峰；领海水域面积约470多万平方公里，分布有大小岛屿7600个，东部和南部的海岸线1.8万公里。中国的自然山水风光壮丽，景观类型多样。已列入世界自然遗产的有：武陵源的神奇山水、黄龙和九寨沟的人间仙境、气势磅礴的三江并流、如梦似幻的南方喀斯特地貌、独特秀美的三清山景观和竹影青翠的大熊猫栖息地。它们充分展示了中国丰富的景观和生物多样性。

3、历史悠久，文化灿烂。

中国是一个统一的多民族国家，由56个民族组成。中华文明延续5000多年发展至今，是世界上最古老的文明之一，也是世界上持续时间最长的文明。“龙”、“凤”、“麟”、“龟”称“四象”或“四灵”，是中华文明的图腾。中国的汉语和汉字，是世界上使用人口最多、传播最广的语种和文字之一。从绵延起伏的万里长城，到世界屋脊的布达拉宫；从雪水潆洄的丽江古城，到精巧秀丽的苏州园林，中国已列入世界文化遗产和文化景观的27个项目，全面表现了中华文明的悠久历史和灿烂文化。

4、山水人文，相映生辉。

崇尚“天人合一”，是中国传统的哲学思想和审美艺术观。文化与自然并蓄，是中华文明的基本理念。“江山如此多娇，引无数英雄竞折腰”，一代伟人毛泽东曾用生动的诗句概述了中国大地上山水与人文交相辉映的历史轨迹。从五岳之首的泰山，到云海飘渺的黄山；从佛国仙庭的峨眉山和乐山大佛，到唐宋理学与丹霞地貌同辉的武夷山；中国的世界文化与自然双重遗产为世界人民了解中国打开了一扇永恒的科学之窗。

5、保护传承，永续利用。

中国历来具有尊重自然遗产和人文历史的传统，孔子的儒家学说历经2000年的传承至今不衰。在中国逐步走向现代化的进程中，中国政府和人民对保护祖国优秀的自然与文化遗产高度重视，不遗余力，使大量中国和世界的遗产地得以妥善保护和有效利用。为加强全民保护文化遗产的意识和行动，国务院决定从2006年起，每年六月的第2个周六为“中国文化遗产日”。中国作为一个世界遗产大国，正在为传承人类文明和保护地球自然资源进行着卓越的工作。

神州多瑰宝，中华有大美。本书对中国所拥有的世界遗产作了全面论述与介绍，力求图文并茂，生动易读，是目前国内相关领域的最新论著。我们谨以本书向中华人民共和国建国60周年大庆献礼！

2008年8月

目录

序　　天地精华　神州瑰宝

世界文化遗产

世界自然与文化双重遗产

世界自然遗产

世界文化遗产

长城

中国长城是世界上修建时间最长、工程量最大的一项古代防御工程。自公元前7-8世纪开始，它延续不断修筑了2000多年，分布于中国北部和中部，总长达5万多公里，被誉为世界上绝无仅有的“上下两千年，纵横十万里”浩大工程。以明代修筑的7300公里长城估算，需用砖石5000万立方米，土方1.5亿立方米。如果用这些土石方来铺筑一条宽10米、厚35厘米的道路，可以绕地球两周多！所以，早在几百年前，中国长城就与罗马斗兽场、比萨斜塔等并列为中古世界的七大奇迹之一。

现存绵延万里的长城东起山海关，西止嘉峪关。它翻山越岭，穿沙漠，过草原，越绝壁，跨河流，其所经之处地形之复杂，墙体结构之奇特，是中国古代建筑工程史上一大奇观。长城不只是一道单独的城墙，而是由城墙、敌楼、关城、墩堡、营城、卫所、镇城、烽火台等多种战争工事所组成的一个完整的防御工程体系，由各级军事指挥机构节节控制。据记载，明代长城沿线就有100万人的兵力防守。

千百年来，长城周围上演了许多著名的历史活剧，涌现出一批杰出的军事家和政治家。许多惊心动魄的伟大战役在长城脚下发生，不少改朝换代的事件都与固守长城的得失有关。这些史实，大大丰富了长城古建筑的文化内涵。在中华民族的心里，长城是蜿蜒于神州大地上的一条巨龙！

1987年，联合国教科文组织将中国长城列入世界文化遗产。世界遗产委员会的评价是：约公元前220年，一统天下的秦始皇将修建于早些时候的一些断续的防御工事连接成一个完整的防御系统，用以抵抗来自北方的侵略。在明代（公元1368–1644年），长城又继续加以修筑，成为世界上最长的军事设施。它在文化艺术上的价值，足以与其在历史和战略上的重要性相媲美。

2

_1 金山岭长城
_2 八达岭长城
_3 山海关城楼

_4 慕田峪长城

5

_5 嘉峪关
_6 山海关老龙头
_7 山海关老龙头

6

7

_8 箭扣长城
_9 嘉峪关月夜

_10 金山岭长城

明清皇家宫殿

北京故宫，又名“紫禁城”，坐落于北京市中心，为明、清两代的皇宫。它是明代皇帝朱棣始建，历经14年(公元1407−1420年)建成。北京故宫平面呈长方形，南北长961米，东西宽753米，占地面积约72万平方米。城墙环绕，周长3428米，城墙高7.9米，底部宽8.62米，上部宽6.66米，上部外侧筑雉堞，内侧砌宇墙。城墙四角各有一座结构精巧的角楼。城外有一条宽52米、长3800米的护城河环绕，构成完整的防卫系统。宫城辟有四门：南面正门为午门，北面为神武门(玄武门)，东面为东华门，西面为西华门。

公元1420−1911年的491年间，明清两代共有24位皇帝在此皇宫内居住并统治全国。宫内有各类殿宇9000余间，建筑总面积达15万平方米。紫禁城由外朝与内廷两部分组成。外朝以太和殿、中和殿、保和殿为中心，东西以文华殿、武英殿为两翼，是皇帝处理政事、举行重大庆典的地方。内廷以乾清宫、交泰殿、坤宁殿为中心，东西两翼有东六宫、西六宫，辅以养心殿、奉先殿、斋宫、毓庆宫、宁寿宫、慈宁宫及御花园等，是皇帝生活及皇室成员居住、礼佛、读书和游玩的地方。北京故宫总体布局为中轴对称，前三殿、后三宫坐落于全城的中轴线上，气势磅礴，辉煌壮丽，代表了中国古建筑的最高水平，也是世界上规模最大、保存最完好的古代皇宫。其建筑形式庄严雄伟、堂皇和谐，是无与伦比的杰作。1961年，国务院公布北京故宫为第一批全国重点文物保护单位。

沈阳故宫始建于公元1625年，是清朝入关前清太祖努尔哈赤、清太宗皇太极创建的皇宫，又称盛京皇宫，清朝入主中原后改为陪都宫殿和皇帝东巡行宫。它占地6万平方米，现有古建筑114座。沈阳故宫按照建筑布局和建造时间分为3部分：东路为努尔哈赤时期建造的大政殿与十王亭；中路为清太宗时期续建的大中阙，包括大清门、崇政殿、凤凰楼以及清宁宫、关雎宫、衍庆宫、启福宫等；西路则是乾隆时期增建的文溯阁等。整座皇宫楼阁林立，殿宇巍峨，雕梁画栋，富丽堂皇。

1987年，联合国教科文组织将北京故宫列入世界文化遗产。世界遗产委员会的评价是：紫禁城是中国5个多世纪以来的最高权力中心，它以园林景观和容纳了家具及工艺品的9000个房间的庞大建筑群，成为明清时代中国文明无价的历史见证。2004年7月，第28届世界遗产委员会大会批准中国沈阳故宫作为明清皇宫文化遗产扩展项目列入《世界遗产名录》。

_1 北京故宫俯视
_2 北京故宫午门
_3 北京故宫俯视

_4 北京故宫太和殿
_5 北京故宫九龙壁
_6 北京故宫太和殿前铜狮

7

_7 北京故宫交泰殿内景
_8 北京故宫太和殿内景

弘敷五典無輕民事惟難
乾隆丁巳恭摹
皇祖御書
惟精惟一道積于厥躬
明

_9 北京故宫乾清宫内景

11

_10 北京故宫御花园
_11 北京故宫养心殿东暖阁

日升月恒

_12 北京故宫坤宁宫清代皇帝大婚洞房

14

_13 北京故宫大石雕
_14 北京故宫漱芳斋室内
_15 北京故宫中和殿内景
_16 北京故宫角楼夜色

15

_17 沈阳故宫崇政殿
_18 沈阳故宫大政殿
_19 沈阳故宫崇政殿细部

20

20 沈阳故宫崇政殿宝座
21 沈阳故宫大政殿内景
22 沈阳故宫凤凰楼

秦始皇陵及兵马俑

秦始皇陵位于陕西省西安以东30公里临潼县的骊山，建于公元前246−208年，是中国第一位皇帝——秦始皇的陵墓。现存陵冢高76米，陵园布局仿秦都咸阳，分内外两城，内城周长2.5公里，外城周长6.3公里。陵冢位于内城西南，坐西面东，放置棺椁和陪葬器物的地方，为秦始皇陵建筑群的核心，目前尚未发掘。

秦始皇陵是世界上规模最大、结构最奇特、内涵最丰富的帝王陵墓之一，是一座豪华的地下宫殿。据记载，秦始皇从13岁即位时就开始营建陵园，由丞相李斯主持规划设计，大将章邯监工，修筑时间长达38年。秦朝时全国的总人口约2000万，所用筑陵劳役却达72万之多。工程之浩大，创历代皇帝奢侈厚葬之先例。

兵马俑坑是秦始皇陵的陪葬坑，位于秦陵陵园东侧1500米处，目前已发现三座，坐西向东呈品字形排列。其中共出土了约7000个秦代陶俑及大量的战马、战车和兵器。陶佣身材高大，一般在1.8米左右，形态各异，表情逼真，体现了秦代高超的雕塑技艺水平。兵马佣模拟的军阵，再现了当年秦军所向披靡、统一全国的强大军威。秦俑坑的发现，是世界考古史上的一次重大发现，可以同埃及金字塔和古希腊雕塑相媲美，被誉为是古代世界的第八大奇迹。

1961年，国务院将秦始皇陵定为首批全国重点文物保护单位。1987年，秦始皇陵及兵马俑被联合国教科文组织批准列入《世界遗产名录》。世界遗产委员会的评价是：毫无疑问，若不是1974年被发现，这座考古遗址上的成千件陶俑将依旧沉睡于地下。秦始皇，这个第一个统一中国的皇帝，殁于公元前210年，葬于陵墓的中心。在他陵墓的周围环绕着那些著名的陶俑。结构复杂的秦始皇陵是仿照其生前的都城——咸阳的格局而设计建造的。那些略小于人形的陶俑形态各异，连同他们的战马、战车和武器，成为现实主义的完美杰作，同时也保留了极高的历史价值。

2

1 秦兵马俑
2 秦兵马俑
3 秦兵马俑

_4 秦兵马俑1号坑
_5 秦兵马俑
_6 秦兵马俑
_7 秦兵马俑
_8 秦兵马俑
_9 秦兵马俑
_10 秦兵马俑——架车俑

5

6

4

7

8

11

_11 秦俑坑铜车马
_12 秦兵马俑
_13 秦兵马俑
_14 秦兵马俑1号坑

12

敦煌莫高窟

莫高窟位于甘肃河西走廊西端的敦煌，以精美的佛教壁画和塑像闻名于世。它始建于十六国的前秦时期，历经十六国、北朝、隋、唐、五代、西夏、元等历代的兴建，形成巨大的规模，现有洞窟735个，壁画4.5万平方米、泥质彩塑2415尊，是世界上现存规模最大、内容最丰富的古代佛教艺术圣地。近代又发现了藏经洞，内有5万余件古代文物，并衍生出一门专门研究藏经洞典籍和敦煌艺术的学科——敦煌学。

莫高窟壁画绘于洞窟的四壁、窟顶和佛龛内，内容博大精深，主要有佛像、佛教故事、佛教史迹、经变、神怪、供养人、装饰图案等七类题材，还有表现当时狩猎、耕作、纺织、交通、战争、建设、舞蹈、婚丧嫁娶等社会生活各方面的画作。这些绘画或雄浑宽广，或瑰丽华艳，体现了不同时期的艺术风格和特色。

莫高窟是一座融绘画、雕塑和建筑艺术于一体，以壁画为主、塑像为辅的大型石窟寺。它的石窟形制主要有禅窟、中心塔柱窟、殿堂窟、中心佛坛窟、四壁三龛窟、大像窟、涅槃窟等。各窟的大小相差甚远，最大的第16窟有268平方米，最小的第37窟高不盈尺。窟外原有木造殿宇，并有走廊、栈道等相连，现多已不存。

1961年，国务院公布莫高窟为首批全国重点文物保护单位。1987年，敦煌莫高窟被联合国教科文组织列入世界文化遗产。世界遗产委员会的评价是：莫高窟地处丝绸之路的一个战略要点。它不仅是东西方贸易的中转站，同时也是宗教、文化和知识的交汇处。莫高窟的492个小石窟和洞穴庙宇，以其雕像和壁画闻名于世，展示了延续千年的佛教艺术。

_1 敦煌莫高窟全景

_2 敦煌莫高窟
_3 敦煌莫高窟佛像
_4 敦煌莫高窟彩画

5

6

7

_5 敦煌莫高窟佛像
_6 敦煌莫高窟彩画
_7 敦煌莫高窟阿弥陀经变彩画
_8 敦煌莫高窟彩画

8

_9 敦煌莫高窟壁画
_10 敦煌莫高窟涅槃佛
_11 敦煌莫高窟涅槃佛

周口店"北京人"遗址

旧石器时代"北京人"遗址位于北京西南房山区周口店村的龙骨山，由一系列天然洞穴组成。1923年瑞典人约翰·安德森在此地发现了人类牙齿化石。1927年加拿大学者步达生对周口店遗址进行正式发掘，并将周口店发现的三枚人的牙齿正式命名为"中国猿人北京种"。1929年12月2日，中国学者裴文中在一个东西长约140米的洞穴里发现了第一个完整的北京猿人头盖骨化石，轰动了世界。1936年在贾兰坡主持下，又发掘出三个头盖骨。至1937年前，从周口店共发掘出属于40多个体的大量人类骨骼化石，证明北京猿人在50–20万年前曾生息于周口店地区。

在周口店"北京人"遗址中还发现了石制原始工具和用火遗迹，把人类用火的历史提前了几十万年。遗址中有5个灰烬层、3处灰堆遗存以及大量的烧骨，灰烬层最厚处达6米。这些遗迹表明：北京猿人已懂得用火和保存火种，并懂得选取岩石制作石器，用来作为武器和生产工具。"北京人"是属于从古猿进化到智人中间环节的原始人类。这一发现，在生物学、历史学和人类发展史研究上有极其重要的价值。

周口店北京人遗址于1961年被国务院列入首批全国重点文物保护单位，1987年被联合国教科文组织列入世界文化遗产。世界遗产委员会的评价是：周口店"北京人"遗址位于北京西南48公里处，遗址的科学考察工作仍然在进行中。到目前为止，科学家已经发现了中国猿人属北京人的遗迹，他们大约生活在中更新世时代，同时发现的还有各种各样的生活物品，以及可以追溯到公元前18000年到11000年的新人类的遗迹。周口店遗址不仅是有关远古时期亚洲大陆人类社会的一个罕见的历史证据，而且也阐明了人类进化的进程。

_1 周口店遗址
_2 周口店遗址
_3 周口店遗址博物馆
_4 周口店遗址

拉萨布达拉宫历史建筑群

“布达拉”为梵语“普陀”的音译，原指观世音菩萨所居之岛。布达拉宫坐落于西藏拉萨市中心的红山上，始建于公元7世纪吐蕃王朝第32代赞普松赞干布时期，原称“红山宫”。公元17世纪，五世达赖喇嘛在红山宫的旧址上重新修建了宏伟的宫殿，改称“布达拉宫”，一直作为西藏地方统治者“政教合一”的统治中心。

布达拉宫依山势而建，规模庞大，气势宏伟，占地面积约36万平方米，主建筑13层、高117米。它不仅是著名的藏式宫堡式建筑，也是古代藏族建筑艺术的杰作，被誉为“世界屋脊上的明珠”。布达拉宫包括白宫、红宫及周边配套建筑。以白宫为主体的建筑群建成于1648年，

坐北朝南共7层，是历代达赖喇嘛进行政治、宗教管理的地方。红宫高6层，居中布局，竣工于1694年，是供奉历代达赖喇嘛灵塔和进行宗教活动的场所。布达拉宫建筑体现了藏、汉、蒙等民族在文化、艺术、宗教等方面的卓越成就，其辉煌的雄姿和藏传佛教圣地的地位，成为世所公认的藏民族文化象征。

大昭寺位于拉萨市区的东南部，始建于公元601年，是西藏地区最古老的一座仿唐式汉藏结合木结构建筑。15世纪，藏传佛教祖师宗喀巴在此创建了喇嘛教格鲁派，寺庙香火日渐繁盛。17世纪，五世达赖喇嘛对大昭寺作了大规模扩建和修葺，形成占地2.51万平方米的庞大建筑群。寺内主要建筑为经堂大殿，高4层，建筑构件为汉式风格，柱头和屋檐的装饰则为典型的藏式风格。大殿一层供奉有唐代文成公主带入西藏的释迦牟尼金像，是藏、汉族人民友好交往的历史见证。

罗布林卡位于布达拉宫西侧约2公里的拉萨河畔，在藏语中意为“宝贝园林”，占地面积约360万平方米。它始建于公元18世纪中叶，是历世达赖喇嘛处理政务和进行宗教活动的夏宫。园内栽培观赏植物100余种，有取自喜马拉雅山南北麓的奇花异草和从内地移植或国外引进的名贵花卉。

布达拉宫于1994年被联合国教科文组织批准为世界文化遗产，2000年和2001年又扩展到大昭寺和罗布林卡。世界遗产委员会的评价是：布达拉宫，坐落在拉萨河谷中心海拔3700米的红色山峰之上，是集行政、宗教、政治事务于一体的综合性建筑。它由白宫和红宫及其附属建筑组成。布达拉宫自公元7世纪起就成为达赖喇嘛的冬宫，象征着西藏佛教和历代行政统治的中心。优美而又独具匠心的建筑、华美绚丽的装饰、与天然美景间的和谐融洽，使布达拉宫在历史和宗教特色之外平添几分风采。大昭寺是一组极具特色的佛教建筑群。建造于公元18世纪罗布林卡，是达赖喇嘛的夏宫，也是西藏艺术的杰作。这三处地点风景优美，建筑创意新颖。加之它们在历史和宗教上的重要性，构成一幅和谐融入了装饰艺术之美的惊人胜景。

2

3

_1 布达拉宫
_2 布达拉宫白宫内景
_3 布达拉宫白宫
_4 松赞干布、文成公主、卫尊公主塑象

6

7

5

8

_5 大昭寺金顶
_6 大昭寺外景
_7 罗布林卡水榭
_8 大昭寺金顶装饰
_9 大昭寺内景

10

_10 大昭寺金顶细部
_11 大昭寺金顶细部
_12 大昭寺金顶细部

13

_13 大昭寺莲花生
_14 布达拉宫一角
_15 布达拉宫远眺

14

承德避暑山庄及周围庙宇

避暑山庄也叫“热河行宫”，位于河北省承德北部。此地群山环抱，地势高爽，气候宜人，是清朝皇帝夏季避暑和处理政务的离宫别苑。

避暑山庄始建于清康熙四十二年（公元1703年），乾隆五十五年（公元1790年）竣工，总面积约564公顷，建筑物达110余处，是我国现存占地最大的皇家园林。避暑山庄背山面湖，草木蓊郁，亭榭掩映，融南北造园艺术精华于一体，湖沼洲岛错落有致，山青水秀野趣盎然。

避暑山庄正门名“丽正门”，虎皮石宫墙仿北京大内形制 以雉堞，依山势蜿蜒起伏，长达10多公里，人称“小长城”。山庄分“宫区”和“苑区”两大部分，苑区又分湖洲区、平原区和山岭区三大景区，有康熙皇帝以四字题名的36景和乾隆皇帝以三字题名的36景散布其中，各具特色。乾隆曾盛赞避暑山庄曰：“物有天然之趣，人忘尘世之怀，较之汉唐离宫别苑，有过之无不及。”

在避暑山庄外围的山岭上，先后建造了12座壮丽的庙宇，自北而东环绕着山庄，有如众星拱月一般，衬托出山庄的气势更加雄伟。这些建筑风格各异的寺庙，是当时清政府为了团结藏、蒙古、维吾尔等少数民族而修建的。其中有8座由清政府直接管理，又称“外八庙”。庙宇按照建筑风格分为藏式、汉式和汉藏结合式三种，融和了汉、藏、蒙古、维吾尔等民族的建筑艺术精华，气势宏伟，华丽端庄，极具皇家风范。

1994年，避暑山庄及周围寺庙被联合国教科文组织列入世界文化遗产。世界遗产委员会的评价是：承德避暑山庄，是清王朝的夏季行宫，位于河北省境内，修建于公元1703年到1792年。它是由众多的宫殿以及其他处理政务、举行仪式的建筑构成的一个庞大的建筑群。建筑风格各异的庙宇和皇家园林同周围的湖泊、牧场和森林巧妙地融为一体。避暑山庄不仅具有极高的美学研究价值，而且还保留着中国封建社会发展末期的罕见的历史遗迹。

2

_1 避暑山庄水心榭
_2 避暑山庄狮子林
_3 避暑山庄狮子林
_4 避暑山庄澹泊敬诚殿
_5 避暑山庄室内景
_6 避暑山庄烟雨楼

3

4

5

8

_7 避暑山庄云山四面亭
_8 避暑山庄烟波致爽殿内景
_9 避暑山庄湖景

10

11

_10 普宁寺大乘阁
_11 普宁寺大乘阁千手千眼观音像
_12 须弥福寿之庙五塔门
_13 永佑寺塔

_14 避暑山庄永乐寺外景
_15 避暑山庄永乐寺内景
_16 须弥福寺之庙全景

孔庙、孔林、孔府

中国古代哲人孔子在历史上被奉为“至圣先师”，举国崇拜。孔庙、孔林和孔府，是历代国人纪念孔子、推崇儒学的圣地，以其丰厚的文化积淀、悠久历史、文物珍藏和科学艺术价值而著称。

位于山东曲阜孔子故里的孔庙是祭祀孔子的本庙，始建于公元前478年。其建筑规模宏大、雄伟壮丽、金碧辉煌，是我国最大的祭孔圣地，也是全球2000多座孔子庙的先驱和范本。孔庙共有九进院落，占地面积14万平方米，以南北为中轴，分左、中、右三路，纵长630米，横宽140米，有殿、堂、坛、阁460多间，门坊54座，“御碑亭”13座。主殿为大成殿，屋宇宏大，装饰华丽，为全世界的孔庙之冠。殿前檐下有10根雕龙石柱，龙姿飞扬，世间罕见。孔庙历经2400多年始终保持祭祀活动，是中国使用时间最长的庙宇和最著名的古建筑群之一。

孔林又称“至圣林”，是孔子及其后裔的墓园，占地达200公顷。园内古木森森，林下墓冢累累，碑碣林立，石仪成队。其中，孔子、孔鲤、孔伋三代

1

_1 孔子像
_2 山东孔庙大成殿

墓地四周绕以红墙。孔林延续使用了2500年，是世界上延续年代最久远、保存最完整、规模最大的家族墓地。

孔府为孔子世袭“衍圣公”的嫡裔子孙居住地，占地164000平方米，是中国仅次于明清皇宫的最大府第。它有厅、堂、楼、轩等各式建筑463间，前后九进院落分三路布局：东路为家庙，西路为学院，中路前为官衙、后为内宅。孔子嫡孙保有世袭罔替的爵号，历时2100多年，是中国最古老的贵族世家，孔府是中国现存规模最大、保存最好、最为典型的官衙与宅第合一的古建筑群。孔府的后花园称“铁山园”，清幽典雅，布局别具匠心，为历代衍圣公及其家属游赏之所。

1994年，联合国教科文组织将中国孔庙、孔林和孔府列入世界文化遗产。世界遗产委员会的评价是：孔夫子是公元前6世纪到公元前5世纪最伟大的哲学家、政治家和教育家。孔夫子的庙宇、墓地和府邸位于山东省的曲阜。孔庙是公元前478年为纪念孔夫子而兴建的，千百年来屡毁屡建，到今天已经发展成超过100座殿堂的建筑群。孔林里不仅容纳了孔夫子的坟墓，而且他的后裔中，有超过10万人也葬在这里。当初小小的孔宅，如今已经扩建成一个庞大显赫的府邸，整个宅院包括了152座殿堂。曲阜的古建筑群之所以具有独特的艺术和历史特色，应归功于2000多年来中国历代帝王对孔夫子的大力推崇。历代帝王多对孔子嫡系后裔封官进爵，以示恩泽，一直延续至孔子的第77代，历时880多年，使孔子家族成为中国最大的贵族世家，有“天下第一家”之圣称。

2

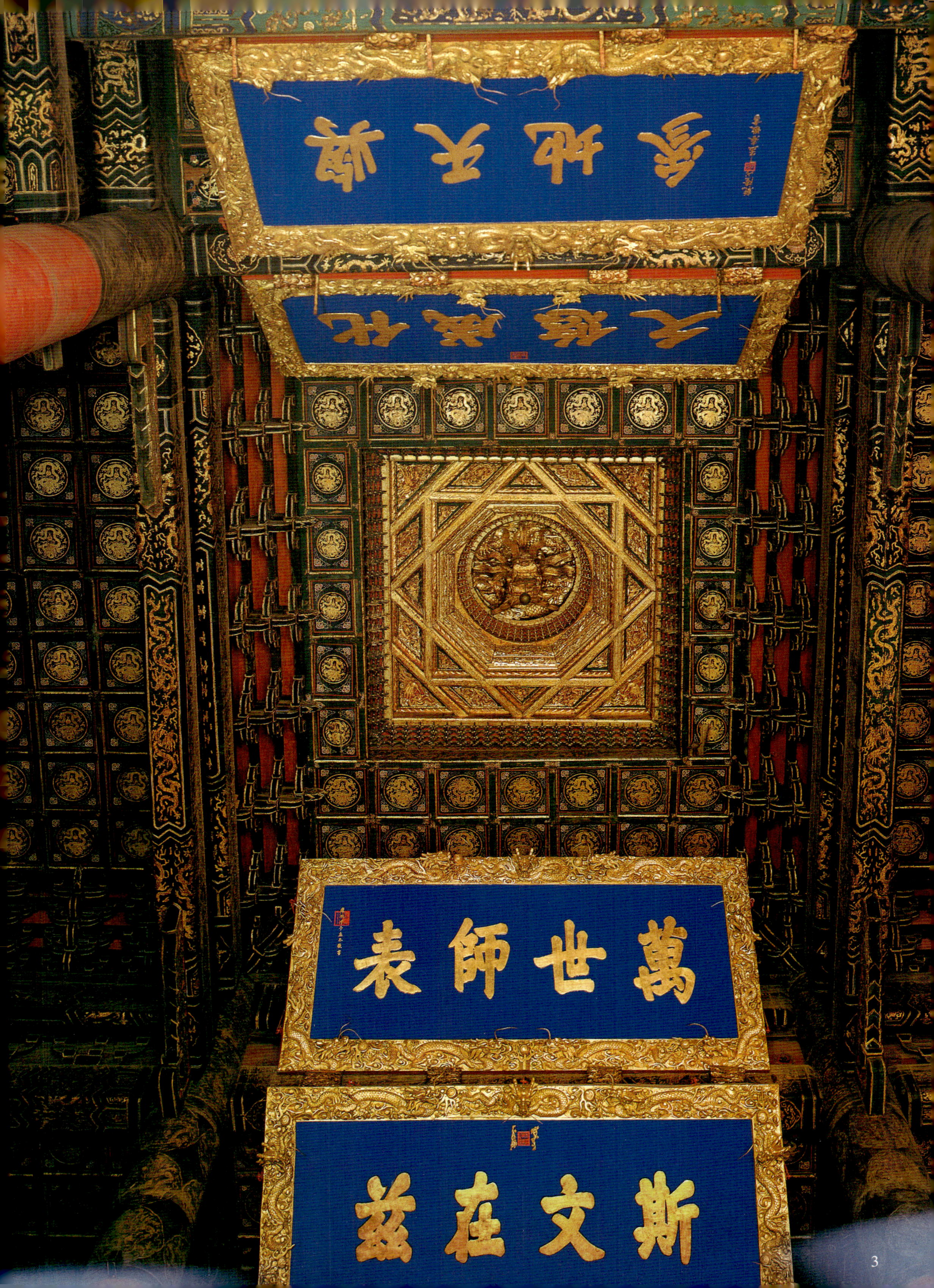
萬世師表
斯文在茲

_3 孔庙大成殿内景
_4 孔庙“金声玉振”石坊

_5 孔府院落
_6 孔庙万仞宫墙
_7 孔庙大成殿内景

萬世師表
斯文在兹
集
幬
氣備四時與天地鬼神日月合其
教垂萬古繼堯舜禹湯文武作之

大成至聖文宣

_8 孔林孔子墓
_9 孔林石像生
_10 孔林石像生及墓葬
_11 孔庙大成殿侧殿

9

10

先賢公西子赤之神位
先賢漆雕子哆之神位

武当山古建筑群

武当山又名“太和山”，位于湖北省丹江口市西南部。明朝年间(公元1368−1644年)，武当山被皇帝敕封为“大岳”和“玄岳”，地位在“五岳”诸山之上。武当山主峰为天柱峰，海拔1612.1米，周围又有72峰、36岩、24涧等胜景环绕，风光旖旎，气势宏伟。

武当山古建筑群始建于唐代贞观年间（公元627−649年），明代为发展鼎盛时期。明嘉靖三十一年（公元1552年）“治世玄岳”牌坊建成，形成了以“八宫、两观”为主体的庞大规模。现在的武当山古建筑群，主要包括太和宫、南岩宫、紫霄宫、遇真宫四座宫殿和玉虚宫、五龙宫遗址及各类庵堂祠庙等共200余处，建筑面积达50000平方米，占地总面积100多万平方米。其中，太和宫位于武当山主峰天柱峰的南侧，由紫禁城、古铜殿、金殿等20余栋建筑组成。南岩宫位于武当山独阳岩下，始建于公元1285年，现保留有天乙真庆宫石殿、两仪殿、龙虎殿等21栋建筑。紫霄宫是武当山古建筑群中规模最为宏大、保存最为完整的一处道教建筑，位于武当山东南的展旗峰下，始建于北宋宣和年间（公元1119−1125年），明嘉靖三十一年（公元1552年）扩建。主体建筑紫霄殿是武当山最具有代表性的木构建筑，殿内有金柱36根，供奉着玉皇大帝塑像。

武当山道教建筑群始终由皇帝亲自策划营建，皇室派人员管理。现存建筑其规模之大，水平之高，构造之严谨，装饰之精美，神像、供器之多，在中国现存道教建筑中绝无仅有。它集中体现了中国古代道教建筑的精华，并衍生出武当道教、武当道乐和武当武术等民族传统文化内容留传至今。

联合国教科文组织1994年将中国武当山古建筑群列入世界文化遗产。世界遗产委员会的评价是：武当山古建筑中的宫阙庙宇集中体现了中国元、明、清三代世俗和宗教建筑的建筑学和艺术成就。古建筑群坐落在沟壑纵横、风景如画的湖北省武当山麓，在明代期间逐渐形成规模，其中的道教建筑可以追溯到公元7世纪，这些建筑代表了近千年的中国艺术和建筑的最高水平。

_1 武当山紫宵殿
_2 武当山元和观

_3 武当山金顶
_4 武当山太子坡
_5 武当山太子坡
_6 武当山金顶

6

庐山

庐山位于江西省九江市南部，北濒长江，东接鄱阳湖，山体总面积302平方公里。全山共90多座山峰，最高峰为大汉阳峰，海拔1473.4米。群峰间散布有许多壑谷、岩洞、瀑布、溪涧，地形地貌复杂多样。庐山具有独特的第四纪冰川遗迹，是中国第四纪冰川学说的诞生地。

庐山风光以“奇、秀、险、雄”闻名于世，素有“匡庐奇秀甲天下”的美誉，是一座集风景、文化、宗教、教育和政治活动为一体的千古名山。它是中国山水诗的摇篮，古往今来无数文人墨客慕名登临庐山，留下4000余首诗词歌赋。其中唐代诗仙李白五次游历庐山，写下了14首诗篇。晋代高僧慧远(公元334—416年)在山中建立东林寺，开创了佛教中的“净土宗”，使之成为宗教胜地。建于公元940年遗存至今的白鹿洞书院，是中国古代程朱理学的中心学府之一。1930年代，庐山又成为南京国民政府的“夏都”。

19世纪末，英国传教士李德立规划、开发牯岭避暑地，庐山文化景观出现了西学东渐、交融发展的趋势。到20世纪初，牯岭曾经汇集20余国的数千名基督教传教士，兴建欧美风格的避暑别墅近千幢及各宗派的教堂多座，荟萃了世界各国的建筑杰作，如哥特式教堂、拜占庭式建筑、日本式建筑和伊斯兰教清真寺等，风格迥异，形成中国最有规模的一处避暑胜地和山地别墅群。时至今日，佛教、道教、伊斯兰教、基督教、天主教在庐山各有一席之地，构成风景名胜的精华内容。

庐山早有“神仙之庐”的传说，众多的奇峰、怪石、壑谷、瀑泉、岩洞等，形成了奇特瑰丽的山岳景观。周边的万顷江湖使庐山夏日清凉，雨水充沛，云雾弥漫，年平均雾日多达191天，为庐山增添了许多迷人秀色和神秘色彩。

1982年，国务院公布庐山为首批国家重点风景名胜区。1996年，联合国教科文组织将庐山列入世界文化景观遗产。世界遗产委员会的评价是：江西庐山是中华文明的发祥地之一。这里的佛教和道教庙观，代表理学观念的白鹿洞书院，以其独特的方式融汇在具有突出价值的自然美之中，形成了具有极高美学价值的，与中华民族精神和文化生活紧密联系的文化景观。

_1 庐山含鄱口
_2 庐山风光
_3 庐山雪景

_4 庐山如琴湖

丽江古城

丽江古城位于云南省丽江纳西族自治县，始建于公元13世纪后期。古城地处云贵高原，海拔2400余米，面积3.8平方公里，自古就是远近闻名的商贸集市和文化重镇。古城中纳西族人口占绝大多数，有30%的居民仍在从事以铜银器制作、皮毛皮革、纺织、酿造业为主的传统手工业和商业活动。

丽江古城内的街道依山傍水修建，以红色角砾岩铺就，雨季不泥泞、旱季不飞灰，石上花纹图案自然雅致。古城中心的四方街，是丽江商业古街的代表。古城内的玉河水系上，修建有各种形制的桥梁354座，平均每平方公里93座；密度之高，举世罕见。较著名的有锁翠桥、大石桥、万千桥、南门桥、马鞍桥、仁寿桥等，均建于明清时期（公元14-19世纪），以位于四方街以东100米的大石桥最具特色。古城内最大的古建筑群——木府原为丽江世袭土司木氏的衙署，始建于元代（公元1271-1368年），占地约30000平方米，有大小房屋162间。府内悬挂有历代皇帝钦赐的匾额11块，反映了木氏家族的盛衰历史。

丽江古城历史悠久，古朴自然。建筑与街道布局错落有致，既具有山城风貌，又富于水乡韵味。丽江民居既融合了汉、白、彝、藏各民族文化精华，又有纳西族的独特风采，是研究中国建筑史不可多得的重要遗产。丽江古城包容着丰富的民族传统文化，集中体现了纳西民族的兴旺与发展，是研究人类文化发展的重要史迹。

1997年，联合国教科文组织将中国丽江古城列入世界文化遗产。世界遗产委员会的评价是：古城丽江把经济和战略重地与崎岖的地势巧妙地融合在一起，真实、完美地保存和再现了古朴的风貌。古城的建筑历经无数朝代的洗礼，饱经沧桑，它融汇了各个民族的文化特色而声名远扬。丽江还拥有古老的供水系统，这一系统纵横交错、精巧独特，至今仍在有效地发挥着作用。

_1 丽江古城
_2 丽江古城街巷
_3 丽江古城街巷
_4 丽江黑龙潭

_5 丽江三眼井
_6 丽江市楼
_7 丽江古城街巷

公安

_8 丽江古城夜景
_9 丽江民居
_10 丽江古城街巷
_11 丽江古城夜景

平遥古城

平遥古城位于山西省平遥县。始建于西周宣王时期（公元前827－782年），距今已有2700多年的历史。明洪武三年（1370年）建城为方形，墙高约12米，周长6.4公里，面积2.25平方公里，有瓮城、垛口、敌楼、角楼等城防设施，以及魁星楼、点将台、关帝庙等附属建筑，明清两代均有补修，但基本上还保持明初的形制和构造，古城内现有4.2万居民，是汉民族地区现存最为完整的古城和中国古代城市的原型。

平遥有三宝，城墙是其一。平遥古城墙周长约6公里，有3000个垛口、72座敌楼，据说象征孔子的3000弟子和72圣人。它历经了600余年的风雨沧桑，雄风犹存。平遥古城内的街道、商店和民居，都保持着古色古香的传统布局与风貌。民宅全是青砖灰瓦的四合院，轴线明确，左右对称，轮廓起伏，庭院幽深。民宅中精巧的木雕、砖雕和石雕配以富有乡土气息的剪纸窗花、维妙维肖，栩栩如生。古城第二宝是北门外的镇国寺，寺内万佛殿建于五代时期（公元10世纪），为中国排名第三位的古老木结构建筑，距今已有1000多年的历史。古城第三宝是位于城西南的双林寺，修建于北齐武平二年(公元571年)。寺内10余座大殿内保存有元代至明代（公元13－17世纪）的彩塑造像2000余尊，被誉为“彩塑艺术的宝库”。

平遥还是中国古代商业著名的“晋商”发源地之一。清代道光四年(公元1824年)，中国第一家现代银行的雏形“日升昌”票号在平遥诞生，其业务曾扩展到日本、新加坡、俄罗斯等国家。平遥古城在票号兴盛的100多年时间中，对中国近代经济发展产生过积极的影响。

1997年，联合国教科文组织将中国平遥古城列入世界文化遗产。世界遗产委员会的评价是：平遥古城是中国境内保存最为完整的一座古代县城，是中国汉民族城市在明清时期的杰出范例，在中国历史的发展中，为人们展示了一幅非同寻常的文化、社会、经济及宗教发展的完整画卷。

2

1

3

_1 平遥古城墙
_2 平遥民居
_3 平遥城街道

四世同堂

5

6

_4 平遥古城民居
_5 平遥考古城票号
_6 平遥民居

_7 平遥民居内景
_8 平遥民居内景
_9 平遥民居内景

10

_10 平遥民居照壁
_11 平遥古城票号

晋元楼

苏州古典园林

“江南园林甲天下，苏州园林甲江南”。苏州是中国著名的历史文化名城之一，素以山水秀丽，园林典雅而闻名天下。据记载，苏州古城内有园林近200处，其中的沧浪亭、狮子林、拙政园和留园分别代表着宋（公元960–1279年）、元（公元1271–1368年）、明（公元1369–1644年）、清（公元1644–1911年）四个朝代的造园艺术风格，被称为苏州“四大名园”。它们与同列为世界文化遗产的网师园、环秀山庄、艺圃、耦园、退思园一起，构成苏州古典园林的杰出代表。

苏州古典园林是一种兼具实用居住功能和多种文化艺术内容的游憩生活空间，宅园合一，可赏、可游、可居。造园主旨是要兼得城市生活的物质享受和自然山林的情趣陶冶，并以园林规模、造园技艺和装修水平为园主沽名钓誉。园景布局多以小空间、近距离观赏为主，采取自然山水园的形式，在有限空间里营造丰富的景致，形成“咫尺山林”的审美趣味。产生于苏州古典园林的鼎盛时期的拙政园、留园、网师园和环秀山庄，充分体现了中国造园艺术的民族特色和技术水平，占地面积不大，却巧妙运用了各种造园艺术手法，将亭台楼阁、泉石花木组合在一起，营造出“居闹市而近自然”的理想空间，融建筑美、自然美、人文美于一园，反映了当时中国江南地区高度的居住文明。

1997年，拙政园、留园、网师园和环秀山庄作为苏州古典园林的杰出代表被联合国教科文组织列为世界文化遗产。2000年，沧浪亭、狮子林、耦园、艺圃和退思园作为苏州古典园林的扩展项目，也被列入世界文化遗产。世界遗产委员会的评价是：没有哪些园林比历史名城苏州的四大园林更能体现出中国古典园林设计的理想品质。咫尺之内再造乾坤，苏州园林被公认是实现这一设计思想的典范。这些建造于16–18世纪的园林，以其精雕细琢的设计，折射出中国文化中取法自然而又超越自然的深邃意境。

_1 网师园月到风来亭
_2 拙政园雪香云蔚亭
_3 退思园俯视

探幽

5

6

_4 狮子林洞门
_5 环秀山庄亭榭
_6 耦园结蒂老屋

_7 留园曲溪楼
_8 留园冠云峰

_9 拙政园水院
_10 环秀山庄亭石
_11 狮子林水景
_12 拙政园梧竹幽居
_13 留园清风池馆

10

11

9

12

13

_14 怡园庭院

_15 退思园楼廊水景
_16 拙政园留听阁
_17 拙政园玉壶冰室内
_18 拙政园水廊

玉壺冰

颐和园

颐和园位于北京城区西北郊，初为金代贞元元年（1153年）兴建的帝王行宫，明代改称好山园；清乾隆十五年（1750年）扩建，历时15年，改名清漪园。1860年英法联军入侵北京时，园被烧毁。1886–1891年，慈禧太后挪用巨额海军军费重修，更名为“颐和园”，意为“颐养冲和”。1900年八国联军攻进北京，颐和园又惨遭劫难。1902年，慈禧太后再次拨款修复了残损的颐和园。

颐和园是一个以帝王君权神授、君临天下和藏奇纳胜的造园思想为指导，巧于相地借景和规划经营的中国自然山水园。园内有各种形式和类型的宫殿、寺庙和园林建筑3000余间，分为勤政、居住、游览三大活动区域。全园以昆明湖、万寿山佛香阁为主景，后山后湖为衬景，山青水绿，长廊透迤，亭阁耸秀，殿宇辉煌。其主要艺术风格表现在以“人化自然”的大型山水风景为主题，营造天然野趣与帝王至尊相结合、宗教气氛与世俗风味相融洽、园居听政与寄情山水相统一的游憩生活境域；寓情于景，达理于境，空间多样，生趣盎然，情景交融，意境深邃，曾有“何处燕山最畅情，无双风月属昆明”之说，在世界园林艺术史上享有极高的地位。

1961年，国务院公布颐和园为第一批全国重点文物保护单位。1998年，联合国教科文组织将颐和园列入世界文化遗产名录。世界遗产委员会的评价是：北京颐和园始建于公元1750年，1860年在战火中严重损毁，1886年在原址上重新进行了修缮。其亭台、长廊、殿堂、庙宇和小桥等人工景观与自然山峦和开阔的湖面相互和谐、艺术地融为一体，堪称中国风景园林设计中的杰作。

2

3

_1 颐和园昆明湖与万寿山
_2 颐和园清晏舫
_3 颐和园西堤桥
_4 从颐和园看玉泉山

4

_5 颐和园佛香阁
_6 颐和园佛香阁
_7 颐和园昆明湖俯视
_8 颐和园后湖

_9 颐和园转转藏
_10 颐和园后湖
_11 颐和园众香界

界香衆

_12 颐和园湖光山色共一楼

天坛

天坛位于北京皇城的南端，是明清两代皇帝每年祭天和祈谷的圣地。在中国古代，只有自命天子的皇帝才有祭天的特权。北京天坛始建于明朝永乐十八年（公元1420年）。当时，祭祀天地的仪式都在这里举行，名为“天地坛”。1530年，明帝在北京北郊另建“方泽坛”，实行天地分祭。从此，这里专用于祭天。

北京天坛是世界上最大的祭天建筑群，也是中国现存规模最大、级别最高的祭祀性皇家园林。其设计之精，建筑之巧，风格之奇，在世界古建筑中实属罕见。天坛占地面积273万平方米，比颐和园略小。整体建筑布局呈“回”字形，分内坛和外坛两部分，各有坛墙相围。天坛的设计，从建筑总体布局到细部装饰处理，都强调了“天意”。

天坛的两组主要建筑为圜丘坛与祈年殿，布局在内坛中轴线的南北两端，用一条长360米、宽28米、高2米多的“丹陛桥”相连接，组成一个完整、壮观的建筑群体。两座大殿都采用圆形平面作为构图要素，体现中国传统中“天圆地方”的宇宙认知。圜丘坛是专为皇帝举行祭天大礼而建，重台高筑，各层栏板望柱及台阶数均用阳数（又称天数，即九及九的倍数）；坛面砌九重石板，除中心石是圆形外，外围各圈均为扇面形，数目也是阳数，符合上天共有九重的神话传说。每年在天坛举行的各种祭祀活动，既是崇拜上天的隆重仪式，也是帝王借以显示自己至尊至贵的一种典礼。

1961年，国务院公布天坛为全国重点文物保护单位。1998年，联合国教科文组织将北京天坛列入世界文化遗产名录。世界遗产委员会的评价是：天坛，建于15世纪上半叶，坐落在皇家园林当中，四周古松环抱，是保存完好的坛庙建筑群；无论在整体布局还是单一建筑上，都反映出天地之间的关系，而这一关系在中国古代宇宙观中占据着核心位置。同时，这些建筑还体现出帝王将相在这一关系中所起的独特作用。

2

1

3

_1　天坛祈年殿
_2　天坛石牌坊
_3　天坛皇穹宇
_4　天坛祈年殿
_5　天坛祈年殿内景

祈年殿

_6 天坛皇穹宇
_7 天坛棂星门
_8 天坛皇穹宇内景

皇天上帝

_9 天坛祁年殿藻井
_10 天坛乾皇殿内景
_11 天坛日出

大足石刻

大足石刻是唐宋时期的宗教摩崖石刻，以佛教题材为主，其中北山和宝顶山的摩崖造像最为著名。

大足石刻主要位于重庆市大足县境内，最早开凿于初唐永徽年间（649年），历经晚唐、五代（907－959年），盛于两宋（960－1278年），明清时期（14－19世纪）亦有所增刻，最终形成了规模庞大，集石刻艺术精华之大成的石刻造像群，堪称中国晚期石窟艺术的代表，与云冈石窟、龙门石窟和莫高窟相齐名。大足石刻群共包括石刻造像70多处，总计10万余尊，主要分布在北山、宝顶山、南山、石篆山、石门山等地。

北山石刻位于大足县城西北2公里处，始刻于唐景福元年（892年），至南宋绍兴年间（1162年）结束，共有摩崖造像近万尊，主要为世俗祈佛出资雕刻，以当时流行的佛教人物故事为主，是佛教世俗化的产物。北山造像以雕刻精细、技艺高超、俊美典雅为特点，展示了公元8至14世纪中国民间佛教信仰及石刻艺术风格的发展变化。

宝顶山石刻位于大足县城东北15公里处，始刻于南宋淳熙六年（1179年），至南宋淳佑九年（1249年）结束。宝顶山石刻以圣寿寺为中心，包括大佛湾、小佛湾等13处造像群，共有摩崖造像近万尊，题材主要以佛教密宗故事人物为主。整个造像群宛若一处大型的佛教胜地，展现了宋代（960－1278年）石刻艺术的精华。

大足石刻以其规模宏大，雕刻精美，题材多样，内涵丰富，保存完整而著称于世。它集佛、道、儒“三教”造像艺术之精华，以鲜明的民族化和生活化为特色，成为中国石窟艺术中一颗璀璨的明珠，具有前代石窟不可替代的历史、艺术和科学价值。

1999年12月，联合国教科文组织将中国大足石刻列入世界文化遗产。世界遗产委员会的评价是：大足地区的险峻山崖上保存着绝无仅有的系列石刻，时间跨度从公元9世纪到13世纪。这些石刻以其艺术品质极高、题材丰富多变而闻名遐迩，从世俗到宗教，鲜明地反映了中国这一时期的日常社会生活，并充分证明了这一时期佛教、道教和儒家思想的和谐相处局面。

1

3

_1 大足石刻释迦涅槃圣迹图
_2 大足石刻雕像
_3 大足石刻雕像
_4 大足石刻观音像
_5 大足石刻雕像

6

7

8

_6 大足石刻雕像
_7 大足石刻雕像
_8 大足石刻雕像
_9 大足石刻雕像
_10 大足石刻释迦涅槃圣迹图

青城山—都江堰

青城山位于四川省都江堰市西南15公里处。因山上树木茂盛，四季常青，自古享有“青城天下幽”的美誉。 青城山是中国道教的重要发祥地和天师道的祖山、祖庭；因其秀丽的自然风光和众多道教建筑而成为天下名山。全山的道教宫观以天师洞为核心，包括建福宫、上清宫、祖师殿、圆明宫、老君阁、玉清宫、朝阳洞等10余座。建福宫始建于唐开元十八年(公元730年)，现有大殿三重，分别奉祀道教名人和诸神，殿内柱上的394字的对联被世人赞为“青城一绝”。青城山建筑充分体现了道家追求自然的思想，依据地形地貌巧妙构建；建筑装饰也反映了道教追求吉祥、长寿和升仙的理念。

都江堰是中国古代建设并使用至今的大型水利工程，位于四川省都江堰城西的岷江上游，由战国时秦国蜀郡太守李冰及其儿子在公元前256年至前251年主持始建的。经过历代整修，两千年多来一直在发挥巨大的作用。整个都江堰水利枢纽工程可分为堰首和灌溉水网两大系统，其中堰首包括鱼嘴（分水）、飞沙堰（溢洪排沙）、宝瓶口（引水）三大主体工程，另有内外金刚堤、人字堤及其他附属建筑。都江堰工程以引水灌溉为主，兼有防洪排沙、水运、城市供水等综合效用。它所灌溉的成都平原是闻名天下的“天府之国”。

2000年，青城山和都江堰被联合国教科文组织列入世界文化遗产。世界遗产委员会的评价是：青城山是中国道教的发源地之一，属于道教名山。建福宫，始建于唐代，规模颇大。天然图画坊，是清光绪年间建造的一座阁。天师洞，洞中有“天师”张道陵及其30代孙“虚靖天师”像。现存殿宇建于清末，规模宏伟，雕刻精细，并有不少珍贵文物和古树。建于公元前3世纪，位于四川成都平原西部的岷江上的都江堰，是中国战国时期秦国蜀郡太守李冰及其子率众修建的一座大型水利工程，是全世界至今为止，年代最久、惟一留存、以无坝引水为特征的宏大水利工程。2200多年来，至今仍发挥巨大效益，李冰治水，功在当代，利在千秋，不愧为文明世界的伟大杰作，造福人民的伟大水利工程。

2

1

3

4

_1 青城山上清宫
_2 青城山山门
_3 青城山祖师殿
_4 青城山景亭

6

7

_5 都江堰二王庙
_6 青城山老君殿
_7 青城山瀑布
_8 都江堰全景

龙门石窟

龙门石窟位于河南省洛阳市南郊伊河的龙门峡谷东西两崖峭壁间，南北长约1公里，迄今已有1500多年的历史。石窟始凿于北魏孝文帝时期(471－477年)，历经400余年止于北宋。现存石窟1300多个，窟龛2345个，题记和碑刻3600余品，佛塔50余座，佛像97000余尊，数量之多居国内各大石窟之首。其中最具有代表性的石窟，是建于北魏时期的古阳洞、宾阳洞、莲花洞、药方洞以及建于唐代的潜溪寺、看经寺、万佛洞、奉先寺和大万伍佛洞。

古阳洞是龙门石窟中开凿最早，内容最丰富的一座，佛龛造像多有题记，记录了当时造像者的姓名、造像年月及缘由，是研究北魏书法和雕刻艺术的珍贵资料。其中的魏碑书法精华“龙门二十品”，是中国书法艺术史上重要的里程碑。

宾阳洞是北魏时期(386－512年)用了24年凿成的一个洞窟。洞内有11尊大佛像。主像释迦牟尼像，面部清秀，神情自然，堪称北魏中期石雕艺术的杰作。主像座前刻有两只姿态雄健的石狮。左右侍立二弟子，二菩萨，菩萨像含笑凝眸，温柔敦厚。

奉先寺是龙门石窟中最大的一个窟，代表了唐代(618－904年)石刻艺术的风格。它长宽各30余米，内有高17.14米的卢舍那大佛雕像，丰腴典雅，栩栩如生，精美绝伦，传说是中国古代唯一的女皇帝武则天的化身。

龙门石窟规模宏大，气势磅礴，窟内造像雕刻精湛，内容题材丰富，被誉为是世界最伟大的古典艺术宝库之一。2000年，龙门石窟被联合国教科文组织列入世界文化遗产。世界遗产委员会的评价是：龙门地区的石窟和佛龛展现了中国北魏晚期至唐代（公元493—907年）期间，最具规模和最为优秀的造型艺术。这些详实描述佛教中宗教题材的艺术作品，代表了中国石刻艺术的最高峰。

2

_1 龙门奉先寺石窟全景
_2 龙门石窟卢舍那大佛
_3 龙门石窟造像

3

4

_4 龙门宾阳洞中释迦牟尼佛像
_5 龙门石窟造像
_6 龙门石窟造像

明清皇家陵寝

明清皇家陵寝是指中国明朝、后金、清朝共三个朝代的皇帝陵墓群。明清时代(1368－1911年)是中国皇室陵寝建设史上的一个辉煌时期。明太祖朱元璋修订了陵寝制度，增设祭奠设施，增加院落及宝盖式屋顶，取消寝宫。清代沿袭明代制度，更加注重陵园的风水环境，希望陵寝能与当地的山川、气候达到“天人合一”的境界，注重按所葬人辈分排列顺序，形成了帝后妃陵寝的配套序列，陵寝建筑也更加富丽堂皇。

明清皇家陵寝从规划建制到建筑造型，均采用集中陵区的手法，设有总入口。从正红门开端，经统一的神道石像生、碑亭及华表，再分达各陵区。其基本布局顺序为：五孔石券桥、牌楼、碑亭、三孔券桥，大月台、宫门、隆恩殿及左右配殿，而后为石平桥、月台、琉璃门、五供、方城（上立明楼）、月牙城、宝城、宝顶。在陵寝墓园中，皇帝、皇后、亲王、公主、嫔妃的陵制级别相当严格，形成了一套程式化的规则。

明清皇家陵寝遗产地的内容包括：河北清东陵（清朝5个皇帝陵墓群，2000年登录）、清西陵(清朝4个皇帝陵墓群，2000年登录)；湖北明显陵(明世宗父母陵墓，2000年登录)；北京明十三陵(明朝13个皇帝陵墓群，2003年登录)；江苏明孝陵（明太祖及后妃陵墓，2003年登录)；辽宁盛京三陵(福陵：努尔哈赤及皇后陵墓，昭陵：皇太极及皇后陵墓，永陵：努尔哈赤祖先陵墓，2004年登录)。

2000年，联合国教科文组织将中国明清皇家陵寝登录为世界文化遗产，2003年和2004年又扩充了登录内容。世界遗产委员会的评价是：明清皇家陵寝依照风水理论，精心选址，将数量众多的建筑物巧妙地安置于地下。它是人类改变自然的产物，体现了传统的建筑和装饰思想，阐释了封建中国持续五百余年的世界观与权力观。

2

_1 清东陵孝陵神道
_2 清东陵定陵牌楼
_3 明十三长陵大殿
_4 明十三陵华表
_5 清西陵崇陵远眺

6

7

8

_6 清东陵景陵远眺
_7 清东陵大石碑楼
_8 明十三陵石像生
_9 清东陵大石牌坊
_10 清东陵景陵远眺

-11 清东陵裕陵地宫门饰
-12 清西陵昌陵俯视
-13 沈阳清昭陵隆恩门
-14 沈阳清福陵大殿基座
-15 沈阳清福陵碑楼
-16 沈阳清福陵角楼
-17 沈阳清昭陵山门

14

15

13

16

17

18

_18 沈阳清昭陵隆恩殿院落
_19 沈阳清福陵隆恩殿基座
_20 沈阳清昭陵牌坊

皖南古村落：西递、宏村

西递、宏村位于安徽省黟县境内，是皖南民居中最具有代表性的两座古村落。它们以世外桃源般的田园风光、保存完好的村落形态、工艺精湛的徽派民居和丰富多彩的历史文化内涵而闻名天下。

西递始建于北宋皇祐年间（1049－1054年），整个村落呈船形，保存有完整的古民居122幢，现有居民300余户，1000余人。小村四面环山，有两条溪流穿村而过。所有街巷均以青石铺地，建筑多为木结构加砖墙维护，饰以木雕、石雕和砖雕；巷道和建筑的设计布局协调。村落空间变化灵活，建筑色调朴素淡雅，是徽派建筑艺术的典型代表。

宏村始建于南宋绍兴元年（1131年），面积约19万平方公里，现存明清时期（1368－1911年）的古民居137幢，古朴典雅，意趣横生。因地势较高，经常云蒸霞蔚，有时如浓墨重彩，有时似泼墨写意，被誉为“中国画里的乡村”。村中建筑均为粉墙青瓦，分列规整。其中，承志堂富丽堂皇，精雕细刻，可谓皖南古民居之最，被誉为“民间故宫”。

西递、宏村的村落选址、布局和建筑形态都以周易风水理论为指导，典雅的民居建筑与大自然紧密相融，充分体现了“天人合一”的传统哲学思想。两个村落中独特的水系，是实用与美学相结合的水利工程典范。尤其是宏村的“牛形”水系，是先人巧用自然优化人居环境卓越智慧的创举。

2000年，联合国教科文组织将中国皖南古村落（西递和宏村）列入世界文化遗产。世界遗产委员会的评价是：西递、宏村这两个传统的古村落在很大程度上仍然保持着那些在上个世纪已经消失或改变了的乡村的面貌。其街道的风格，古建筑和装饰物，以及供水系统完备的民居都是非常独特的文化遗存。

_1 西递村胡文光刺史牌坊
_2 宏村月沼

1

2

3

_3 徽州祠堂

_4 宏村民居马头墙
_5 宏村民居

_6 徽州胡氏宗祠

_7 西递村口
_8 棠樾石牌坊
_9 宏村承志堂

9

10 宏村全景

云冈石窟

云冈石窟位于山西大同以西16公里的五周崖北崖，始凿于北魏兴安二年（453年），大部分完成于北魏迁都洛阳之前（494年），造像工程则一直延续到正光年间（520－525年）。云冈石窟依山而凿，东西绵亘约1公里，气势恢弘，内容丰富，是中国第一处由皇室显贵主持开凿的大型石窟。

云冈石窟分东、中、西三部分窟群，佛像最大者高17米，最小者仅几厘米。最大的石窟是第6窟，由地面到窟顶高达20米。东部石窟群多以佛塔为主，又称塔洞；中部石窟群中的昙曜五窟是云冈开凿最早，气魄最大的窟群，气势磅礴，具有浑厚、纯朴的西域情调。西部石窟群大多是北魏迁都洛阳后的作品，窟室规模虽小，但人物形象清瘦俊美，比例适中，是中国北方石窟艺术的榜样和“瘦骨清像”的源起。云冈石窟中的菩萨、力士、飞天造形生动活泼，塔柱上的雕刻精致细腻；上承秦汉现实主义艺术的精华，下开隋唐浪漫主义色彩之先河。石窟中留下的乐舞和百戏杂技雕刻，是当时社会生活中佛教思想流行的反映。

云冈石窟形象地记录了印度及中亚佛教艺术向中国佛教艺术发展的历史轨迹，反映出佛教造像在中国逐渐世俗化、民族化的过程。多种佛教艺术造像风格在云冈石窟实现了前所未有的融汇贯通，由此而形成的“云冈模式”成为中国佛教艺术发展的转折点。云冈晚期石窟的窟室布局和装饰，更加突出地展现了浓郁的中国式建筑元素与装饰风格，反映出佛教艺术中国化的不断深入。

2001年，联合国教科文组织将中国云冈石窟列入世界文化遗产。世界遗产委员会的评价是：位于山西省大同市的云冈石窟，有窟龛252个，造像51000余尊，代表了公元5世纪至6世纪时中国杰出的佛教石窟艺术。其中的昙曜五窟，布局设计严谨统一，是中国佛教艺术第一个巅峰时期的经典杰作。

2

_1 云冈石窟佛造像
_2 云冈石窟佛像
_3 云冈石窟外景

4

5

6

7

_4 云冈石窟大佛
_5 云冈石窟佛造像
_6 云冈石窟佛造像
_7 云冈石窟佛造像

8

_8 云冈石窟佛造像

高句丽王城、王陵及贵族墓葬

高句丽王城、王陵及贵族墓葬，是指以吉林省集安市为中心分布的高句丽王国前期遗迹。

高句丽是中国古代边疆的少数民族政权，汉元帝建昭二年（公元前37年）由扶余人朱蒙在西汉玄菟郡高句丽县（今辽宁省新宾县境内）建国，后建都于纥升骨城（今辽宁省桓仁县境内五女山城）。西汉元始三年（公元3年），迁都国内城，同时筑尉那岩城（均在今吉林省集安境内），至北魏始光四年（公元427年）迁都平壤。公元668年，高句丽王国被唐朝军队与朝鲜半岛的新罗王国联军所灭。高句丽王城、王陵及贵族墓葬列入世界遗产名录的项目，包括五女山城、国内城、丸都山城、12座王陵、26座贵族墓葬、好太王碑和将军坟1号陪冢。

作为中国古代东北地区最具特色与影响的民族和地方政权之一，高句丽王国曾创造了辉煌的历史，在东北亚历史发展过程中发生过重要作用。其主要的历史遗迹大量地存续于中国的吉林省和辽宁省，成为该段历史无可替代的实物见证，具有重要的历史文化价值。其中的王城、王陵和贵族墓更弥足珍贵。

2004年7月，联合国教科文组织世界遗产委员会苏州会议上将其与朝鲜平壤、南浦等地的高句丽墓葬群分别同时登录世界文化遗产。世界遗产委员会的评价是：高句丽项目符合入选世界遗产名录六个标准中的五项。包括：它体现了人类创造和智慧的杰作；作为历史早期建造的都城和墓葬，它反映了汉民族对其他民族文化的影响以及风格独特的壁画艺术；它也体现了已经消失的高句丽文明；高句丽王朝利用石块、泥土等材料建筑的都城，对后来产生了影响；它展现了人类的创造与大自然的完美结合。

_1 高句丽将军坟
_2 高句丽王城瞭望台
_3 高句丽贵族墓葬

_4 高句丽墓葬彩画
_5 高句丽墓葬彩画
_6 高句丽贵族墓葬

澳门历史城区

澳门历史城区，是由22座位于澳门半岛的建筑物和相邻的8块前地(广场)所组成、以旧城中心区为主的历史街区。其范围东起东望洋山，西至新马路靠内港码头，南起妈阁山，北至白鸽巢公园。

澳门历史城区遗产地的内容包括：妈阁庙、港务局大楼、郑家大屋、圣老楞佐教堂、圣若瑟修院及圣堂、岗顶剧院、何东图书馆、圣奥斯定教堂、民政总署大楼、三街会馆（关帝庙）、仁慈堂大楼、大堂、卢家大屋、玫瑰堂、大三巴牌坊、哪吒庙、旧城墙遗址、大炮台、圣安多尼教堂、东方基金会会址、基督教坟场、东望洋炮台（含东望洋灯塔及圣母雪地殿圣堂）等历史建筑，以及同历史建筑紧密相连的妈阁庙前地、阿婆井前地、岗顶前地、议事亭前地、板樟堂前地、耶稣会纪念广场、白鸽巢前地等 7 个城市广场空间。

澳门历史城区是中国境内现存最古老、规模最大、保存最完整和最集中的东西方风格共存建筑群，包括中国最古老的教堂遗址和修道院、最古老的基督教坟场、最古老的西式炮台建筑群、第一座西式剧院、第一座现代化灯塔和第一所西式大学等。作为欧洲国家在东亚建立的第一个领地，它见证了澳门400多年来中华文化与西方文化相互交流、多元共存的历史。其中，大部分建筑都具有中西合璧的特色，并大部分仍完好地保持着原有的功能。

在第29届联合国教科文组织世界遗产委员会2005年7月15日的会议上，澳

2

3

门历史城区获得21个成员国全体一致通过，被列入世界文化遗产名录。世界遗产委员会的评价是：澳门历史城区见证了西方宗教文化在中国以至远东地区的发展，也见证了向西方传播中国民间宗教的历史渊源，是中国现存最古老的西式建筑遗产，是东西方建筑艺术的综合体现。由此可见，澳门历史城区是中国境内接触近代西方器物与文化最早、最多、最重要的地方，同时也是近代西方建筑传入中国的第一站。

_1 澳门仁慈堂大楼及议事亭广场
_2 澳门议事亭广场
_3 澳门古炮台
_4 澳门老建筑

_5 澳门议事亭
_6 澳门老建筑
_7 澳门大三巴牌坊

9

_8 澳门老建筑
_9 澳门灯塔
_10 澳门教堂

10

殷墟

1

殷墟位于河南安阳市的西北郊，横跨洹河南北两岸，古称“北蒙”，是商代晚期(公元前1250－前1050年)的都城遗址，面积约36平方公里，是中国历史上第一个有文献可考、并为甲骨文和考古发掘所证实的古代都城遗址，距今已有3300年的历史。

殷墟在甲骨文卜辞中又称为“大邑商”。20世纪初，殷墟因民间盗掘甲骨被发现，1928年正式开始考古发掘。遗址规模宏大、遗存丰富、分布密集。包括宫殿、宗庙区，铸铜、制骨、制陶等手工业作坊区，居民区，王陵区和平民墓地等部分。出土有大量青铜器、玉器、骨角器、陶器等遗物，其中包括司母戊鼎等著名精美的青铜礼器。遗址内还出土了甲骨卜辞15万余片，包括单字5000多个，是中国迄今为止发现的最早的文字。殷墟丰富的文化遗存，反映出商代高度发达的青铜文明。

殷墟是商代甲骨文的发现地，为研究商代晚期历史提供了重要而丰富的资料。在世界四大古文字体系中，唯有以殷墟甲骨文为代表的中国古汉字体系，历经数千年的演变而承续至今，书写出博大精深的中华文明史。殷墟遗址中已发现宫殿宗庙建筑110余座，有些成组排列，或为宗庙，或为社坛，具备中国宫殿建筑“前朝后寝、左祖右社”的布局形制雏形。

1961年3月，国务院公布殷墟为首批全国重点文物保护单位。2006年7月13日，殷墟因具有全球突出普遍价值和良好的管理与展示，在第30届联合国教科文组织世界遗产大会上被列入世界文化遗产名录。世界遗产委员会的评价是：殷墟考古遗址靠近安阳市，距北京以南约500公里，是商代晚期（公元前1300－1046年）的古代都城，代表了中国早期文化、工艺和科学的黄金时代，是中国青铜器时代最繁荣的时期。在殷墟遗址出土了大量王室陵墓、宫殿以及中国后期建筑的原型。遗址中的宫殿宗庙区（1000米×650米）拥有80处房屋地基，还有唯一保存完好的商代王室成员大墓“妇好墓”。殷墟出土的大量工艺精美的陪葬品证明了商代手工业的先进水平，现在它们是中国的国宝。在殷墟发现了大量甲骨窖穴。甲骨上的文字对于证明中国古代信仰、社会体系以及汉字这一世界上最古老的书写体系之一的发展有着不可估量的价值。

4

5

3

_1 殷墟博物馆入口
_2 殷墟卜甲
_3 殷墟车马坑
_4 殷墟陪葬人遗骨
_5 殷墟出土葬坑
_6 殷墟卜甲葬坑
_7 殷墟车马坑

6

7

_8 殷墟出土玉器
_9 殷墟出土玉器
_10 殷墟卜骨

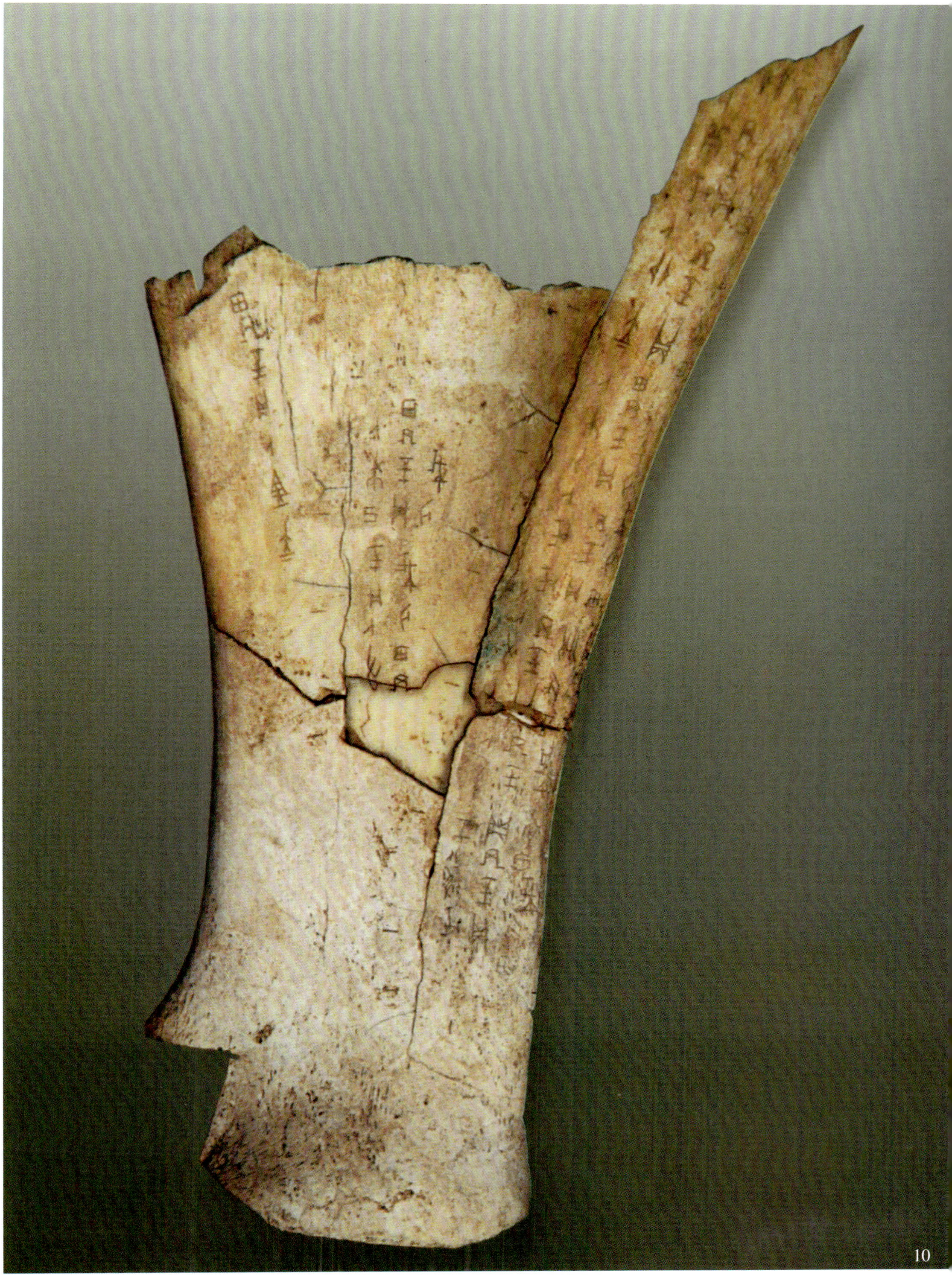

10

开平碉楼与村落

开平是广东省西江流域的一个县，以碉楼和建有碉楼的村落闻名于世。在开平的乡村里，现存碉楼有1833幢。其中赤坎镇三门里村、塘口镇自力村与方氏灯楼、蚬冈镇锦江里村和百合镇马降龙村落群，是开平碉楼与村落申报世界遗产的四处提名地。

自明朝以来，开平县域屡遭水患和匪患，有民众开始修建碉楼防卫。19世纪中期，随着美国和加拿大西部大开发，淘金热潮和修建铁路需要大量外来劳动力，加之开平地区民间械斗较多，人民生存状况恶化，大量农民开始迁往美洲，产生了大量开平籍的旅美、旅加华工。1880年代，美国和加拿大实行排华政策，其相关规定迫使华工纷纷回乡买地、建房和娶亲。从19世纪末到1920年代，随着美、加经济的高速发展，华工的收入和回乡侨汇明显增加，为开平碉楼的大量修建创造了经济条件。据统计，1900–1931年间，开平境内共建造碉楼1648座，约占现存总数的90%。

开平碉楼具有很高的文化价值，它是外国建筑艺术大规模移植中国乡村的集中展示和杰出代表，是中国社会转型时期主动接受外来文化影响的重要历史文化景观，典型地反映了“兼收并蓄、洋为中用”的华侨文化特质。如号称“开平第一楼”的瑞石楼，内部为钢筋混凝土结构，外部造型采用了古罗马、拜占庭、巴洛克等多种西方建筑形式要素，成为典型中西合璧风格的碉楼民居。碉楼耸立、花木扶疏的开平立园，被誉为中国华侨园林的代表作之一。

2007年6月28日在新西兰基督城召开的联合国教科文组织第31届世界遗产大会上，开平碉楼与村落项目申报世界文化遗产顺利通过表决，被正式列入世界文化遗产名录。世界遗产委员会的评价是：开平碉楼与村落以当地用于防卫的多层塔楼式乡村民居“碉楼”而著称，展现了中西建筑和装饰形式复杂而灿烂的融合，表现了19世纪末至20世纪初开平侨民在几个南亚国家、澳洲以及北美国家发展进程中的重要作用，以及海外开平人与其故里的密切联系。此次收录的遗产有4组20座碉楼，分为三种形式：由若干户人家共同兴建的众楼为临时避难之用；由富裕人家独自建造的居楼，同时具有防卫和居住的功能；还有更楼，为联防预警之用。碉楼用土、石、青砖或混凝土建造，反映了中西方建筑风格复杂而完美的融合。碉楼与周围的乡村景观和谐共生，见证了明代以来以防匪为目的的当地建筑传统的最后繁荣。

1

3

_1 开平瑞石楼
_2 开平铭石楼
_3 开平立园

_4 开平立园内景
_5 开平立园内景
_6 开平立园洋楼

7

8

_7 开平立园室内
_8 开平自力村室内
_9 开平自力村室内
_10 开平立园全景

闽

福建土楼

福建土楼包括闽南土楼和一部分客家土楼，总数约3000多座，通常是指闽西南地区独有的、利用生土夯筑承重墙所建构的群居和防卫功能合一的大型楼房。这些土楼，形如天外飞碟散布在山岭田间，主要分布在福建西南山区及客家人和闽南人聚居的闽粤赣三省交界地带。福建土楼是中国传统民居的瑰宝，其营建技艺也是国家级非物质文化遗产。

成为世界文化遗产地的46座福建土楼由六群四楼组成，包括初溪土楼群、田螺坑土楼群、河坑土楼群、洪坑土楼群、高北土楼群、华安县大地土楼群、衍香楼、振福楼、怀远楼及和贵楼。土楼外形或方或圆，以圆为主，如珍珠般洒落在闽西南青山绿水之间。

福建土楼产生于宋元时期，经过明清两代的发展，至民国时期趋于成熟，延续至今。土楼依形状分类，主要有圆楼、方楼和五凤楼，还有变形的凹字型、半圆型与八卦型。土楼的起源，可追溯到唐朝陈元光戍兵漳州，58姓落户闽南，当地许多圆形山头上至今还遗留古代兵寨的遗迹。因圆形的山头不宜筑方形山寨，故山寨遗迹多呈圆形。这些圆形山寨就是圆土楼的原型。最初的圆形兵寨只有一层，变为民居后为了节省耕地便向高处发展，成为多层圆土楼。此外，客家人系由中原迁移到闽南，带来中原的四合院形式，因防卫需要建造厚土墙，形成了方土楼和五凤楼。由于圆形土楼可用同样长度的外墙包围最大面积的公共庭院，在高层瞭望点的视野也比方楼宽阔，因而多被客家人采用。

福建土楼是世界上独一无二的山区大型夯土民居建筑，以其神奇的聚落环境、特有的空间形式、绝妙的防卫系统、巧夺天工的建造技术和深邃的土楼文化令世界瞩目。它依山就势，布局合理，符合中国传统建筑规划的“风水”理念，适应聚族而居的生活和防御功能要求，巧妙地利用了山间狭小的平地和当地的土、木、石等建筑材料，是一种自成体系，具有节约、坚固、防御性强特点又极富美感的多层生土建筑类型。

2008年7月，在加拿大魁北克城举行的联合国教科文组织第32届世界遗产大会上，福建土楼被正式列入世界文化遗产名录。世界遗产委员会的评价是：福建土楼是东方血缘伦理关系和聚族而居传统文化的历史见证，是聚居生活、防卫功能与周边环境相融合的杰出人居范例，也是世界上独一无二的大型生土夯筑的建筑艺术成就。

2

_1 福建初溪土楼群
_2 福建南靖田螺坑土楼
_3 福建土楼群内景

_4 福建土楼内景
_5 福建土楼内景
_6 福建土楼内景

5

6

_7 福建土楼内景
_8 福建土楼内景
_9 福建土楼衍香楼
_10 福建土楼景观

衍香樓

五台山

五台山是世界五大佛教圣地之一，位居中国四大佛教名山之首，是中华十大名山之一、首批国家级重点风景名胜区、国家5A级旅游区和国家森林公园。

五台山属太行山脉，地处山西省五台县东北部，素有“华北屋脊”之称。五座高峰，山势雄伟，连绵环抱，各具风韵。五台周长约250公里，总面积2837平方公里。峰顶平坦宽阔，犹如垒土之台。东台“望海峰”海拔2795米，东望明霞，如波似海；南台“锦绣峰”海拔2485米，细草杂花，灿若铺锦；西台“挂月峰”海拔2773米，月坠峰巅，宛如悬系；北台“叶斗峰”海拔3061米，云浮山腰，颠摩斗杓；中台“翠岩峰”海拔2894米，石翠岩碧，碧霭浮空，是五台中心。每到盛夏，山花烂漫，绿草红花与台顶北部千年不化的坚冰为伴，景色秀美，令人陶醉。

五台山自东汉永平十一年（公元68年）开始建庙，至今历时近2000年，是中国唯一兼容“青庙”（汉地佛教）、“黄庙”（藏传佛教）并居一山的道场，因此受到各族佛教信徒的无比尊崇。北魏孝文帝、隋炀帝、宋太宗、元英宗、清圣祖、清高宗等都曾驾幸五台山。历代皇帝遣使札礼五台山者，从未间断。山上迄今仍保存着北魏、唐、宋、元、明、清各个朝代的寺庙建筑47处，荟萃了7朝彩塑、5代壁画和堪称典范的古代建筑艺术，被誉为亚洲佛光、中华国宝。其中，南禅寺是世界上现存最古老的木结构建筑，佛光寺被誉为“东方古建明珠”、塔院寺大白塔，为我国现存最高的元代覆钵式塔建筑。

五台山自然风光奇丽壮观，人文景观多姿多彩，古韵依然，吸引着国内外佛教信徒和游人前来朝台拜佛，游览佛地风光。五台佛国也培育了一大批高僧名师。盛唐时期，五台山成为海外信徒留学听经的高等佛教学院。千百年来，许多印度、日本、蒙古、朝鲜、尼泊尔、斯里兰卡等国的佛教徒来到五台山朝圣求法，有些甚至留在五台山修行终身。

五台山于2009年6月26日在西班牙塞维利亚举行的第33届世界遗产大会上被正式列入《世界遗产名录》。世界遗产委员会的评价是：五台山居中国四大佛教名山之首，以浓郁的佛教文化闻名海内外。它保存有东亚乃至世界现存最庞大的佛教古建筑群，享有“佛国”盛誉。五台山由五座台顶组成，珠联璧合地将自然地貌和佛教文化融为一体，将对佛的崇信凝结在对自然山体的崇拜之中，完美地体现了“天人合一”的哲学思想，成为了佛教中文殊菩萨的信仰中心——一种独特而富有生命力的组合型文化景观。

3

_1 五台山文殊菩萨像
_2 五台山白塔
_3 五台山龙泉寺石牌坊
_4 五台山台怀镇

4

世界自然与
文化双重遗产

泰山

泰山地处山东省中部，北依济南，南临曲阜，东连淄博，西滨黄河，面积426平方公里。主峰玉皇顶海拔1545米，气势雄伟，拔地而起，有“天下第一山”之美誉。

泰山古名“岱宗”，春秋时期始称泰山。“泰”意为极大、通畅和安宁。泰山突兀耸立于华北大平原边上的齐鲁古国，同衡山、恒山、华山、嵩山合称“五岳”，并为“东岳”。泰山自然景观雄伟高大，数千年来是历代帝王封禅祭天朝拜的神山，享有“五岳之首”的地位。佛道两家、文人名人纷至沓来，给泰山留下了众多名胜古迹，使之成为东方文明伟大而庄重的象征。

泰山风景名胜区以泰山主峰为中心呈放射状分布，由自然景观与人文景观融合而成。从帝王祭地的泰城岱庙到封天的玉皇顶，构成一条长达10公里的“人间—地府—天堂”景观轴线。泰山景观兼具古老、壮丽、幽深、奇妙的品质，山势雄伟，松柏漫山，历代文人雅士吟咏题刻的摩崖碑碣及庙宇观堂随处可见，自然景观巍峨、雄奇、沉浑、峻秀。著名景点有天柱峰、日观峰、百丈崖、仙人桥、五大夫松、望人松、龙潭飞瀑、云桥飞瀑、三潭飞瀑等。全山有古建筑群20多处，历史文化遗迹2000多处。泰山风景更有四大奇观享誉天下：泰山日出、云海玉盘、晚霞夕照、黄河金带。

1987年12月，根据文化遗产和自然遗产遴选标准C(I)、(II)、(III)、(IV)、(V)、(VI)，N(III)，气势磅礴的中国泰山被联合国教科文组织列入世界自然与文化遗产名录。世界遗产委员会的评价是：庄严神圣的泰山，两千年来一直是帝王朝拜的对象，其山中的人文杰作与自然景观完美和谐地融合在一起。泰山一直是中国艺术家和学者的精神源泉，是古代中国文明和信仰的象征。

2

_1 泰山玉皇顶
_2 泰山一天门
_3 泰山岱庙天贶殿

4

_4 泰山石牌坊
_5 泰山“天下大观”石刻群
_6 泰山十八盘
_7 泰山岱庙天贶殿

5

_8 泰山石牌坊
_9 泰山岱庙泰山之神像
_10 泰山碧霞祠

東嶽泰山神

黄山

黄山古名“黟山”，方圆250公里，自古为道教名山。相传轩辕黄帝曾在此修真炼丹，得道升天。故唐天宝六年（公元747年），唐玄宗皇帝诏令改名为黄山。

黄山以雄奇幻险著称，是中国最著名的山岳风景区之一。山间玲珑巧石，万千姿态，四季景色各异，仿佛天开图画，人间仙境。山中重峦叠嶂、争奇献秀，有千米以上高峰77座；36大峰巍峨峻峭；36小峰峥嵘秀丽。“莲花峰”、“天都峰”、“光明顶”三大主峰平均海拔1800米以上，鼎足而立，高耸云天。黄山巍峨挺拔，雄奇瑰丽，“集天下奇景于一体”。明代大旅行家徐霞客游黄山后曾发出“五岳归来不看山，黄山归来不看岳”的赞叹。

黄山之美，在于“五绝”：奇松、怪石、云海、温泉、冬雪，名冠天下；黄山的生物多样性资源丰富，林木茂密，古树参天，珍禽异兽，种类繁多。全山约有植物1500种，动物500多种。其中，遍布峰壑的黄山松尤其独领风骚。黄山著名的石景有金鸡叫天门、松鼠跳天都、猴子观海等。黄山云海气象万千，壮丽奇观。黄山温泉也称汤池、灵泉，源出海拔850米的紫云峰下，久旱不涸。清纯的水质以含重碳酸盐和微量元素为主，常年水温在摄氏42度，可饮可浴。黄山的历史文化沉积丰厚，是中国著名山水画派的发祥地；历代遗留的寺庙、亭阁、盘道、古桥和摩崖石刻共200多处，为名峰秀水增添了不少古雅意境。黄山的冬雪妙在与松石云泉巧妙完美的结合，飞雪、冰挂、雾凇堪称奇景。

黄山于1982年被国务院列为首批国家重点风景名胜区，与黄河、长江、长城齐名。1990年12月，黄山被联合国教科文组织列入世界自然与文化遗产名录。世界遗产委员会的评价是：黄山在中国历史上文学艺术的鼎盛时期（16世纪中叶的“山水”风格）曾受到广泛的赞誉，以“震旦国中第一奇山”而闻名。今天，黄山以其壮丽的景色——生长在花岗岩石上的奇松和浮现在云海中的怪石而著称。对于从四面八方来到这个风景胜地的游客、诗人、画家和摄影家而言，黄山具有永恒的魅力。

3

_1 黄山云雾
_2 黄山飞来石
_3 黄山迎客松

_4 黄山雾松

5

6

7

_5 黄山之晨
_6 黄山天都峰
_7 黄山峰秀
_8 黄山云海

峨眉山—乐山大佛

峨眉山位于四川省中南部，主峰金顶的最高峰“万佛顶”海拔3099米。峨眉山优美的自然风光和神话般的佛国仙山驰名中外，以其“雄、秀、神、奇”的特色，雄踞于中国名山之列，赢得“峨眉天下秀”的赞誉。

峨眉山为“普贤道场”的佛门圣地，是中国佛教“四大名山”之一。佛教的传播、寺庙的兴建和繁荣，为峨眉山增添了许多神奇色彩，构成了峨眉山特有的历史文化积淀。山上寺庙林立，以报国寺、万年寺等“金顶八大寺庙”最为著名。

位于峨眉山东麓栖鸾峰的乐山大佛，始凿于唐代开元初年（公元713年），历时90年完成。大佛为弥勒倚坐像，依山临江，坐东向西，面相端庄，通高71米，是世界现存最大的一尊摩崖石像。佛像雕刻细致，线条流畅，比例匀称，气势恢宏，体现了盛唐文化的宏大气派。在佛座南北的两壁上，还有唐代精美的石刻造像90余龛。

峨眉山处于多种自然要素的交汇地区，生物种类丰富，特有物种繁多，保存有完整的亚热带植被体系，有高等植物242科、3200多种，约占中国植物种类总数的十分之一。峨眉山还是多种稀有动物的栖居地，已知动物2300多种，是研究世界生物区系的重要地区。

1996年12月，联合国教科文组织根据世界文化遗产和自然遗产遴选标准C(IV)、(VI)、N(IV)，将中国四川峨眉山和乐山大佛列入了世界自然与文化遗产名录。世界遗产委员会的评价是：公元1世纪，在四川省峨眉山景色秀丽的山巅上，落成了中国第一座佛教寺院。随着四周其他寺庙的建立，该地成为佛教的主要圣地之一。许多世纪以来，文化财富大量积淀。其中最著名的要属乐山大佛，它是8世纪时人们在一座山岩上雕凿出来的，仿佛俯瞰着三江交汇之所。佛像身高71米，堪称世界之最。峨眉山还以其物种繁多、种类丰富的植物而闻名天下，从亚热带植物到亚高山针叶林可谓应有尽有，有些树木树龄已逾千年。

2

1

_1 峨眉山金顶
_2 峨眉山庙宇
_3 峨眉山万年寺
_4 峨眉山雪景

5 峨眉山金顶雪景
6 峨眉山佛像
7 峨眉金顶日出

_8 乐山大佛
_9 乐山大佛手部
_10 乐山大佛足部
_11 乐山大佛全景

武夷山

武夷山遗产地总面积999.75平方公里，位于福建省西北部原崇安县城以南约15公里，主要景区面积约70平方公里。武夷山属典型的丹霞地貌，平均海拔350米，素有“碧水丹山”、“奇秀甲东南”之美誉，是首批国家级重点风景名胜区之一。大自然亿万年的鬼斧神工，形成奇峰峭拔、秀水潆洄、碧水丹峰、风光绝胜的美景，构成奇幻百出的武夷山水之胜。

武夷山风景名胜区内有36峰、72洞、99岩及108个景点，分为武夷宫、九曲溪、桃源洞、云窝天游、一线天－虎啸岩、天心岩、水帘洞七大景区。“武夷第一峰”是大王峰，形如纱帽，巍峨挺拔，宛如天柱。武夷山森林植被保存完整，生物资源丰富，山川景色亦梦亦幻，瑰丽多姿，古人赞其兼有黄山之奇、桂林之秀、泰岱之雄、华岳之险和西湖之美。

武夷灵性在于水，最美当属九曲溪。它全长62.8公里，自西向东蜿蜒奔流，山绕水转，水贯山行，溪水晶莹，真可谓“曲曲含异趣，湾湾藏佳景”，山耸千层青翡翠，溪摇万倾碧琉璃。乘上古朴的竹筏荡入山光水色之中，仿佛融入神话般的境界，自然风光独树一帜。更有距今约3800年前高插于悬崖峭壁之上的武夷船棺，令人叹为观止。

武夷山又是一座历史文化名山，山中人文遗迹遍布，历代文人雅士在此吟咏传颂武夷山的诗文不下2000首，其中以南宋著名理学家朱熹最为出名。朱熹曾随母亲在此居住多年，创制著名的武夷山八卦宴，并给后人留下众多哲思。武夷山有400多处摩崖石刻题镌，有汉代古城墟、宋代古瓷窑遗址和元代御茶园等名胜遗迹。

1999年12月1日，联合国教科文组织世界遗产委员会第23届大会正式通过中国武夷山列入世界自然与文化遗产名录。世界遗产委员会的评价是：武夷山脉是中国东南部最负盛名的生物多样性保护区，也是大量古代孑遗植物的避难所，其中的许多生物为中国所特有。九曲溪两岸峡谷秀美，寺院庙宇众多，但也有不少早已成为废墟。该地区为唐宋理学的发展和传播提供了良好的地理环境，自11世纪以来，儒教对东亚地区的文化产生了相当深刻的影响。公元1世纪时，汉朝统治者在程村附近建立了一处大型行政首府，有厚重坚实的围墙环绕，极具考古价值。

3

_1 山水环绕武夷山
_2 秀美武夷山
_3 武夷山之晨
_4 武夷山泛舟
_5 雾锁武夷山

世界的遺產

湘

武陵源风景名胜区

武凌源风景名胜区位于湘西北张家界市，总面积264平方公里，包括张家界国家森林公园、索溪峪和天子山等三大景区，以石英砂岩峰林地貌为特色，1988年被国务院列入国家重点风景名胜区。

武凌源以奇峰、怪石、幽谷、秀水、溶洞“五绝”闻名于世，具有典型的溶蚀、剥蚀构造与河谷侵蚀堆积地貌，沟壑纵横，溪涧幽深，姿态万千。景区内有3103座奇峰，蔚为壮观；地下溶洞串珠贯玉，极富特色。其中最著名的索溪峪“黄龙洞”长7.5公里，洞内空间上下分为四层，景观奇异。风景区生态系统完整，生物资源丰富，森林覆盖率达85%，有高等植物3000余种，乔木700余种，观赏花卉450多种，陆生脊椎动物50科116种。

1992年12月，武陵源根据自然遗产遴选标准N(III)被列入《世界遗产名录》。世界遗产委员会的评价是：武陵源景色奇丽壮观，位于中国中部湖南省境内，连绵26000多公顷，景区内最独特的景观是3000余座尖细的砂岩柱和砂岩峰，大部分都有200余米高。在峰峦之间，沟壑、峡谷纵横，溪流、池塘和瀑布随处可见，景区内还有40多个石洞和两座天然形成的巨大石桥。除了迷人的自然景观，该地区还因庇护着大量濒临灭绝的动植物物种而引人注目。

2

3

1

4

_1 武陵源奇峰
_2 武陵源秀色
_3 武陵源奇峰
_4 武陵源奇石

_5 武陵源奇峰
_6 武陵源之晨
_7 武陵源神堂湾

_8 云绕武陵源
_9 武陵源画意
_10 武陵源西海

九寨沟风景名胜区

九寨沟风景名胜区位于四川省西北部阿坝州境内，地处青藏高原东南边缘的尕尔纳山峰北麓，面积约720平方公里，大部分为森林和湖泊所覆盖。因有9个藏族村寨坐落在这片高山湖泊群中而得名。

九寨沟山青水秀，以“童话世界”、“人间仙境”而著称。主景区由“沟口—诺日朗—长海”和“诺日朗—原始森林”两条“Y”字形沟谷组成，长50多公里。沟中散布着湖泊、瀑布和钙华滩流，有长海、剑岩、诺日朗，树正、扎如、黑海六大奇观，佳景荟萃，自然纯净。在山水林木诸多景物中，尤以水景最为奇丽。晶莹碧绿的溪水仿佛项链般穿插于森林与湖池之间，114个色彩斑斓、清澈若镜的湖泊和无数泉、瀑、河、滩连缀一体，如诗如画。加之皑皑雪峰和蓝天的映衬及四时季相变换，使九寨沟风光享有 “中华水景之王”的美称。

1992年12月，九寨沟根据自然遗产遴选标准N(III)被列入世界自然遗产名录。世界遗产委员会的评价是：九寨沟位于四川省北部，绵延超过72000公顷，曲折狭长的九寨沟山谷海拔超过4800米，因而形成了一系列形态不同的森林生态系。它壮丽的景色因一系列狭长的圆锥状科斯特溶岩地貌和壮观的瀑布而更加充满生趣。沟中现存140多种鸟类，还有许多濒临灭绝的动植物物种，包括大熊猫和四川扭角羚。

2

3

1

4

_1 九寨沟溪流
_2 九寨沟翠湖
_3 九寨沟风光
_4 九寨沟水磨房

_5 九寨沟风光
_6 九寨沟瀑布

6

_7 九寨沟风光
_8 九寨沟风光
_9 九寨沟翠湖

黄龙风景名胜区

黄龙风景名胜区位于四川省阿坝藏族羌族自治州松潘县境内，面积约700平方公里，平均海拔3000米以上，由黄龙景区和牟尼沟景区两部分组成。它以独特的岩溶景观——地表钙华和丰富的动植物资源著称于世，以其雄、峻、奇、野的风景特色享有“世界奇观”、“人间瑶池”之美誉。

黄龙主景区是长约3.6公里的黄龙沟。沟内遍布碳酸钙华沉积，呈梯田状排列，仿佛一条金色巨龙，其间镶嵌着精巧的湖、池、滩、瀑、泉、洞等各类钙华景观，伴有雪山、瀑布、原始森林、峡谷等，气象万千。从黄龙沟底部(海拔2000米)到山顶(海拔3800米)，依次分布着亚热带常绿与落叶阔叶混交林、针叶阔叶混交林、亚高山针叶林、高山灌丛草甸等生物景观。包括大熊猫、金丝猴在内的10余种珍贵动物徜徉其间，更使黄龙景区特殊的岩溶地貌与珍稀动植物资源交相辉映，浑然天成。

1992年12月，黄龙风景名胜区根据自然遗产遴选标准N(III)被列入《世界遗产名录》。世界遗产委员会的评价是：黄龙风景名胜区位于四川省西北部，是由众多雪峰和中国最东边的冰川组成的山谷。在这里人们可以找到高山景观和各种不同的森林生态系，以及壮观的石灰岩构造、瀑布和温泉。这一地区还生存着许多濒临灭绝的动物，包括大熊猫和四川疣鼻金丝猴。

1

2

_1 黄龙暮色
_2 黄龙彩池
_3 黄龙瀑布

3

_4 黄龙叠翠

5

6

_5 黄龙冬色
_6 黄龙秀色
_7 黄龙五彩池

三江并流保护区

"三江并流"是指金沙江、澜沧江和怒江三条发源于青藏高原的大江在云南境内自北向南并行奔流170多公里，穿越担当力卡山、高黎贡山、怒山和云岭等崇山峻岭之间，形成"江水并流而不交汇"的奇特自然地理景观。它地处东亚、南亚和青藏高原三大地理区域的交汇处，是世界上罕见的高山地貌及其演化的代表地区和生物物种最丰富的地区之一。

三江并流保护区特殊的地质构造、欧亚大陆最集中的生物多样性、丰富的人文资源和神奇美丽的自然风景，使之成为独特的世界奇观。同时，该地区还是16个民族的聚居地，多民族、多语言、多种宗教信仰和风俗习惯和谐共存。西方国家广为传称的充满和平、安宁和幸福的世外桃源——香格里拉，其原型就在这里。1920年左右美国人洛克曾在此为《国家地理》杂志撰稿、摄影、收集物种近20多年。英国人希尔顿的著作《消失的地平线》，将香格里拉的景观魅力传遍了世界。中国著名的国际商道——茶马古道的发祥地也在于此。

2003年7月，联合国教科文组织第27届世界遗产大会根据自然遗产遴选标准N(I)、(II)、(III)、(IV)将三江并流保护区列入世界自然遗产名录。世界遗产委员会的评价是：三江并流自然景观位于云南省西北山区的三江国家公园内，包括八大片区，面积170万公顷，是亚洲三条著名河流的上游地段，长江（金沙江）、湄公河和萨尔温江三条大江在此区域内并行奔腾，由北向南，途径3000多米深的峡谷和海拔6000多米的冰山雪峰。这里是中国生物多样性最丰富的区域，同时也是世界上温带生物多样性最丰富的区域。

三江并流"世界遗产提名地由八大片区组成。"怒江、澜沧江、金沙江"四山夹三江的典型地貌奇观将八大片区有机地结合在一起，它们中的每一个都是世界的"迷题"，分别代表了不同的流域、不同地理环境下的各具特色的生物多样性、地质多样性、景观多样性的典型特征，相互之间存在着在整体价值上的互补性和在典型资源上的不可替代性，由此构成了"三江并流"世界遗产提名地资源价值的"唯一性和完整性"。

_1 云南怒江

2 云南中甸松赞林寺
3 云南金沙江虎跳峡

_4 云南石鼓长江第一弯
_5 四川阿坝四姑娘山

四川大熊猫栖息地

大熊猫是世界上最珍贵的濒危动物之一，被称为“活化石”。2005年底，全世界圈养的大熊猫有180多只，野生大熊猫仅存约1590只，主要分布在中国四川省和陕西省。四川大熊猫栖息地包括卧龙、四姑娘山和夹金山脉，面积9245平方公里，地跨成都、雅安、阿坝、甘孜4个市/州的12个县，由7处自然保护区和9处风景名胜区组成。全世界30%以上的野生大熊猫栖息于此，是全球最大、最完整的的大熊猫栖息地，也是地球上除热带雨林以外植物种类最丰富的区域之一。

四川大熊猫栖息地的环境，与数百万年前古地质年代第三纪(Tertiary Period)的热带雨林相似，是自然保护国际组织(Conservation International)选定的全球25个生物多样性热点地区之一。该区域内有10000多种高等植物和大熊猫、金丝猴、金毛羚羊、小熊猫、雪豹、云豹等珍稀濒危物种，是世界知名的“生物博物馆”。因此，该地区又被世界自然基金会（WWF）——全球环境保护组织确定为全球200个生态区之一。

2006年7月12日，联合国教科文组织第30届世界遗产大会全票通过决议，将四川大熊猫栖息地作为自然遗产列入《世界遗产名录》。世界遗产委员会的评价是：四川大熊猫栖息地面积924500公顷，目前全世界30%以上的濒危野生大熊猫都生活在那里，包括邛崃山和夹金山的7个自然保护区和9个景区，是全球最大、最完整的大熊猫栖息地，为第三纪原始热带森林遗迹，也是最重要的圈养大熊猫繁殖地。这里也是小熊猫、雪豹及云豹等全球严重濒危动物的栖息地，还是世界上除热带雨林以外植物种类最丰富的地区之一，生长着1000多个属的5000–6000种植物。

_1 卧龙冬色

1

_2 清溪映绿
_3 丛山叠翠

_4 幽香自来
_5 层林尽染

溶

中国南方喀斯特

喀斯特即岩溶地貌，是发育在以石灰岩和白云岩为主的碳酸盐岩上的地貌。中国喀斯特具有面积大、地貌多样、典型、生物生态丰富等特点。中国南方喀斯特，占整个中国喀斯特面积的55%，是中国政府向联合国世界遗产委员会提出的分批次系列申报的世界自然遗产项目。第一批申报成功的遗产地，由云南石林的剑状、柱状和塔状喀斯特、贵州荔波的锥状喀斯特（峰林）、重庆武隆的以天生桥、地缝、天坑群等为代表的立体喀斯特共同组成，形成于距今50万年至3亿年间的地质年代，总面积约1460平方公里。其中，核心区面积480平方公里，缓冲区面积980平方公里。

中国南方喀斯特遗产地，集中了中国最具代表性的喀斯特地形地貌区域，有许多景点享誉世界。如云南石林以“雄、奇、险、秀、幽、奥、旷”著称，被称为“世界喀斯特的精华”；贵州荔波喀斯特是布依族、水族、苗族和瑶族等少数民族聚居地，其代表性景观——茂兰喀斯特森林，在2005年《中国国家地理》杂志主办的“中国最美的地方”评选活动中被评为“中国最美的森林”。按照喀斯特地貌形态与森林类型的组合形式，荔波喀斯特原始森林景观又可分为漏斗森林、洼地森林、盆地森林和槽谷森林四大类型。重庆武隆的峡谷立体喀斯特世界独有，包括“天下第一洞”——芙蓉洞、亚洲最大的“天生桥”群和世界罕见喀斯特系统形成的“后坪天坑”等，均为地质奇观生态景区。

2007年6月27日在联合国教科文组织第31届世界遗产大会上，全票通过中国南方喀斯特评选为世界自然遗产。世界遗产委员会的评价是：中国南方喀斯特地区超过50万平方公里，主要分布在云南、贵州和广西等省份；地貌丰富多样，富于变幻，举世无双，是全球湿润热带及亚热带喀斯特景观的典型代表。其中，石林喀斯特是世界自然奇观，包含由白云石构成的乃古石林和在湖泊中生成的苏依山石林。同其它喀斯特景观相比，石林峰石更为丰富多彩，形状和颜色业更富于变化。荔波喀斯特的特点是锥形和塔形地貌，构成了独特、美丽的风景，是世界上同类喀斯特地貌的参照点。武隆喀斯特因其巨大的石灰坑、天生桥和岩洞而列入了世界遗产。

_1 广西桂林石林
_2 重庆武隆天坑
_3 重庆武隆天坑

1

2

_4 贵州荔波锥状山体
_5 广西桂林石林
_6 广西桂林石林

剑峰

三清山风景名胜区

三清山风景名胜区位于江西省东北部上饶市境内，总面积229平方公里，最高峰玉京峰海拔1816.9米。因山上玉京、玉华、玉虚三峰如道教最高神灵“三清”（玉清、上清、太清）列坐其巅而得名。三清山经历14亿年的地质运动，形成了别具一格的奇峰怪石、急流飞瀑、峡谷幽云等雄伟景观。景区内千峰竞秀，万壑奔流，古树茂密，珍禽栖息。

三清山以壮丽秀美的自然山岳风光称绝。尤以奇峰异石、虬松鹃花、泉瀑溶洞、云海神光、冰川遗迹、道教建筑及珍稀动植物为景观特色。峰峦“奇中出奇，秀中藏秀”，被誉为“黄山姐妹山”。山中有女神峰、观音听琵琶、巨蟒出山、老道拜月、仙苑秀峰、猴王献宝、唐僧西征、金殿木鱼、神龙戏松、七夕双星等十大胜景。宋代大文豪苏东坡曾甚赞曰：“揽胜遍五岳、绝景在三清”。

三清山又是一座具有1600余年历史的道教名山，为历代道家修炼场所。东晋时就为葛云、葛洪来山的修道之所，渐为信奉道学的名家所向往，自古享有“清绝尘嚣天下无双福地、高凌云汉江南第一仙峰”之盛誉。三清山现仍完好保存着三清宫道观及古建石刻220余处，有“中国道教博物馆”之称。

2008年7月8日，联合国教科文组织第32届世界遗产大会通过将中国三清山列入世界自然遗产，并对其遗产价值给予了高度评价：三清山在一个相对较小的区域内展示了独特花岗岩石柱与山峰，丰富的花岗岩造型石与多种植被、远近变化的景观及震撼人心的气候奇观相结合，创造了世界上独一无二的景观美学效果，呈现了引人入胜的自然美。景区边界合理，有效地保护了景观的自然性和维护景观品质所必需区域，完全符合世界遗产的要求。

_1 雾锁三清山

2

3

4

_2 三清山冬色
_3 三清神韵
_4 清溪奔流
_5 三清山春意
_6 三清山画境

中国被批准列入《世界遗产名录》项目年表

遗产名称	批准时间
长城（文化遗产）	1987
明清皇家宫殿（文化遗产）	1987
敦煌莫高窟（文化遗产）	1987
秦始皇陵及兵马俑（文化遗产）	1987
周口店“北京人”遗址（文化遗产）	1987
泰山（文化与自然双重遗产）	1987
黄山（文化与自然双重遗产）	1990
武陵源风景名胜区（自然遗产）	1992
九寨沟风景名胜区（自然遗产）	1992
黄龙风景名胜区（自然遗产）	1992
承德避暑山庄及周围庙宇（文化遗产）	1994
孔庙、孔林、孔府（文化遗产）	1994
武当山古建筑群（文化遗产）	1994
拉萨布达拉宫历史建筑群（文化遗产）	1994
庐山（文化遗产）	1996
峨眉山—乐山大佛（文化与自然双重遗产）	1996
苏州古典园林（文化遗产）	1997
平遥古城（文化遗产）	1997
丽江古城（文化遗产）	1997

遗产名称	批准时间
颐和园（文化遗产）	1998
天坛（文化遗产）	1998
大足石刻（文化遗产）	1999
武夷山（文化与自然双重遗产）	1999
青城山—都江堰（文化遗产）	2000
明清皇家陵寝（文化遗产）	2000
龙门石窟（文化遗产）	2000
皖南古村落：西递、宏村（文化遗产）	2000
云冈石窟（文化遗产）	2001
三江并流保护区（自然遗产）	2003
高句丽王城、王陵及贵族墓葬（文化遗产）	2004
澳门历史城区（文化遗产）	2005
殷墟（文化遗产）	2006
四川大熊猫栖息地（自然遗产）	2006
开平碉楼与村落（文化遗产）	2007
中国南方喀斯特（自然遗产）	2007
福建土楼（文化遗产）	2008
三清山风景名胜区（自然遗产）	2008
五台山（文化遗产）	2009

图书在版编目（CIP）数据

神州瑰宝——世界遗产在中国/罗哲文，李敏编著.—北京：中国建筑工业出版社，2009
ISBN 978-7-112-11450-4

Ⅰ.神… Ⅱ.①罗…②李… Ⅲ.①名胜古迹—简介—中国②自然保护区—简介—中国 Ⅳ.K928.7 S759.992

中国版本图书馆CIP数据核字（2009）第183312号

责任编辑：张振光　白玉美
版式设计：付金红
摄　　影：张振光　杜一鸣　李　敏
书法题字：蔡　军
责任设计：崔兰苹
责任校对：王雪竹

感　　谢：高至传媒
优图影像
全景图片公司
尚图文化传播有限公司
提供部分图片和支持

神州瑰宝——世界遗产在中国
罗哲文　李　敏　编著
*
中国建筑工业出版社出版、发行(北京西郊百万庄)
各地新华书店、建筑书店经销
北京方舟正佳图文设计有限公司制版
北京中科印刷有限公司印刷
*
开本：880×1230毫米　1/16　印张：22¾　字数：850千字
2009年10月第一版　　2009年10月第一次印刷
定价：198.00元
ISBN 978-7-112-11450-4
(18710)